笑顔
100倍

『ハロー!ちびっこモンスター』
ワクワク子育て大全

NHK『ハロー!ちびっこモンスター』制作班 監修

宝島社

はじめに

約3年間にわたってご紹介した子育てのアドバイスがこの一冊に！

わがままを言ったり、物を投げたり、かわいいわが子も時に〝ちびっこモンスター〟になるときがありますよね。……いや、きっと日常茶飯事だと思います。

『ハロー！ちびっこモンスター』は、そんなママやパパたちの身近だけど深～い数々のお悩みに真剣に向き合い、いい方向に解決できるよう、とっておきのアドバイスをお届けしています。

本書では、２０２１年３月30日に初放送となったパイロット版（レギュラー

化される前に試験的に制作される番組）から2024年6月18日までの放送回、合計49回分の内容を収録。番組で登場したてぃ先生からの〝おたすけアイテム〟を、「食事」「生活習慣・しつけ」「イヤイヤ・見て見て」「きょうだいゲンカ」「遊び」のカテゴリーに分けてご紹介します。

また、本書でしか読めない野々村友紀子さん×てぃ先生の対談や、日野聡さんのインタビュー、ごはんさんの本書オリジナルレシピも収録。さらには、番組の裏側にも密着し、番組に関わるすべての人がどんな思いで制作しているのかもお伝えしたいと思います。

親御さんはもちろん、子育てに関わる多くの人にぜひ読んでいただけたら幸いです。

『ハロー!ちびっこモンスター』って?

『ハロー!ちびっこモンスター』は、子育てにお悩みを持つご家庭が登場し、ママやパパが実際に子育てをする様子をモニタリングする番組。視聴者やモニタリング中の親御さんの心の声をそのまま言葉にしてツッコんでくれるMCの野々村友紀子さんと、お悩みへの的確なアドバイスをしてくれるてぃ先生と一緒に、時に笑い、時に泣いたりしながら、お子さんと親御さんの様子を見守ります。ママやパパが困ったときは、てぃ先生からのおたすけアイテムや適切なアドバイスで、状況をよい方向に導けるようサポート。野々村さんとてぃ先生のバランスの取れた掛け合いも見どころです。また、日野聡さんの絶妙なナレーションやごはんさんが考案した簡単レシピも必見です。

登場人物紹介

てぃ先生

職業 現役保育士／育児アドバイザー

好きなもの
機械全般。普段持ち歩いているキーボードも自分で組み立てたものを愛用している。

特徴
16年間保育士として培ってきた経験を活かし、野々村さんも思わず“神レベル”と絶賛するほどの名アドバイスで、お悩み解決へと導いてくれる。モニタリング中に突然発動される“ヘルプボタン”にも瞬時に対応する柔軟さを併せ持つ。

野々村友紀子

職業 放送作家

好きなもの
乾杯。乾杯をしながら、自分をほめ、一日をポジティブに終えられるようにしている。

特徴
番組MC。2児のママ。視聴者やママの代弁者としてユーモラスで鋭いツッコミを入れてくれる。さらに、自身の育児経験を活かした親御さんに寄り添ったコメントで、現場だけでなく、テレビの前の視聴者までも優しく包み込んでくれる。

ごはんさん

職業 子ども料理研究家／訪問調理師

好きなもの
お寿司、おにぎり、バナナケーキ、たまごボーロ、だし巻きたまご、あら汁

特徴
好き嫌いや偏食など、お子さんの食のお悩みを解消するためのメニューや時短レシピを得意とする親御さんの強い味方。番組で紹介してくれるレシピはどれも絶品。

日野聡

職業 声優

好きなもの
子どもたちの寝顔。一日がどんなに大変な状況であったとしても、寝顔は最高の癒やし。

特徴
2児のパパ。ナレーションでは、映像に合わせて声色を変えたり、実況中継風にするなど、巧みなテクニックを用いて、番組をさらに面白く盛り上げてくれる。

笑顔100倍『ハロー！ちびっこモンスター』ワクワク子育て大全 もくじ

第1章 食事の悩みのおたすけアイテム

Mission #1 野菜嫌いの子どもにおいしく野菜を食べてもらおう

Mission #2 なかなか食事が進まない子どもに自分からごはんを食べてもらおう

Mission #3 じっとしていられない子どもに落ち着いてごはんを食べてもらおう

第2章
生活習慣・しつけの悩みのおたすけアイテム

第3章 感情の悩みのおたすけアイテム

第4章 きょうだいゲンカの悩みのおたすけアイテム

第5章 遊びの悩みのおたすけアイテム

番外編 てぃ先生のいくコツ!

第1章

食事の悩みのおたすけアイテム

「野菜を全然食べてくれない」「食事中に立ち歩いてしまう」「ごはんの前にお菓子をほしがる」など、食事のお悩みはたくさんありますよね。この章では、そんなお悩みを解決できるかもしれないアイテムをご紹介します。

Mission
#1

野菜嫌いの子どもにおいしく野菜を食べてもらおう

野菜は一切口にしない。緑の野菜は全力で拒否……。そんなお悩みを解決するには、お子さんが自分で選択したり、食材と仲良くなったりすることがポイント！

case1

野菜が大嫌いで、野菜を食べてもらおうとしても絶対に口を開けない3歳の男の子

――2022年9月7日放送

お子さんに苦手なものを食べてほしいときは、「食べなさい」や「食べないといけないよ」などと半ば強制するよりも、**お子さん自身に選んでもらう方法が効果的**です。

野菜嫌いのお子さんの場合、例えば、**4つに仕切られたお皿**を準備し、その4つのスペースに**それぞれ調味料を選んで入れてもらって、「どれを付けて食べる？」と誘ってみる**と、お子さんが自分から食べようという意識が生まれやすくなります。

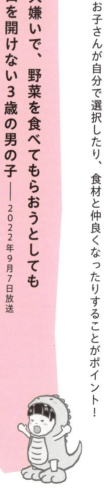

おたすけアイテム

4つに仕切られたお皿

番組に登場した3歳の男の子の場合は、ケチャップ、タルタルソース、オリーブソルト、ソースを準備。**「この中から好きなものを選んでお野菜に付けて食べることができるよ」**と促してみるも、なかなかうまくいきません……。そこでパパと一緒に冷蔵庫に行き、ごまドレッシングを選択。すると、**自らきゅうりを手に持って**、（ごまドレッシングではなく）さっき用意したタルタルソースに付けて、見事きゅうりをパクリと食べてくれました。

POINT!

▼ **自ら調味料を選ぶことで自分から食べようという意識が生まれやすくなります**

case 2

苦手な緑野菜を食べてもらおうとすると〝ウンチ詐欺〟で逃亡する2歳6カ月の女の子

——2023年4月5日放送

苦手な食材があるお子さんに対しては、**その食材と仲良くなること**がおすすめです。食べ物の好き嫌いは、**実は味ではないところが苦手**ということも理由として多いので、その食材に興味を持つことで食べてもらえるかもしれません。

そこでおすすめのアイテムが**「食材＆図鑑」**。苦手な食材を触ってみたり、匂いをかいでみたり、ちぎってみたり、絵を描いてみたりしながら、**苦手な食材と仲良くなってもらう〝お友だち作戦〟**です。お友だちになるためには、その食材のことを知ってもらう必要があるので、**図鑑でその食材のことを一緒に調べてみましょう**。

番組ではブロッコリーやほうれんそう、小松菜など、緑野菜が苦手な2歳6カ月の女の子が登場。緑野菜を食べてもらおうとすると、「おトイレ行ってくる」「ウンチ〜」と言ってイスから降ろしてもらおうとする〝ウンチ詐欺〟(このご家庭ではこう呼んでいる)を働くことも。そんな女の子ですが、生のブロッコリーと図鑑を用意すると、食い入るように図鑑を見たり、ブ

おたすけアイテム

食材＆図鑑

ロッコリーを触ったり、絵を描いたりと、**ブロッコリーに興味津々**！　その流れで女の子がちぎったブロッコリーをゆでてみると、パクッと食べてくれました。野菜と仲良くなることを覚えた女の子は、その後ウンチ詐欺もなくなり、緑野菜を次々と克服中！「**野菜とお友だちになる発想がなく、味付けでどうにかしようとしていた。発想の転換って大事**ですね」とママが話していましたが、case1（P.14）のように味付けで解決できなければ、ぜひこの方法を一度お試しください。

POINT!

苦手な食材のことを知り触ったり匂いをかいだりしながらその食材と仲良くなってみよう

case 3

野菜が入っていると小さなものでも見逃さず全身で拒否する3歳の男の子
——2023年6月7日放送

前回のcase2（P.16）で、野菜嫌いのお子さんの野菜克服方法のひとつとして、**野菜に興味を持ってもらうことが大切**だとお伝えしましたが、今回はまた違った角度からアプローチしてみます。

ごはんの中に野菜が入っていると、その野菜だけをよけて食べたりすること、よくありますよね。「野菜が入っているだけで、まったく手をつけてくれない……」と、お悩みの方も多いと思います。そんなときにおすすめなのが**「オーダーボード」**です。

まず、どの野菜なら食べられそうか、お子さんと一緒に相談してみましょう。それが決まったら、その野菜を単体で調理してみるのですが、どんなふうに調理するのがよいかをボードを使い、野菜の厚さは**厚く切るor薄く切る**、硬さは**柔らかくするor硬くする**、調理方法は**焼くorゆでる**、味付けは**濃いめor薄め**、野菜の大きさは**小さいor大きい**、食べ方は**フォークorスプーン**など、お子さんに2つの選択肢の中から1つを選んで決めてもらい、そのオーダーに

おたすけアイテム

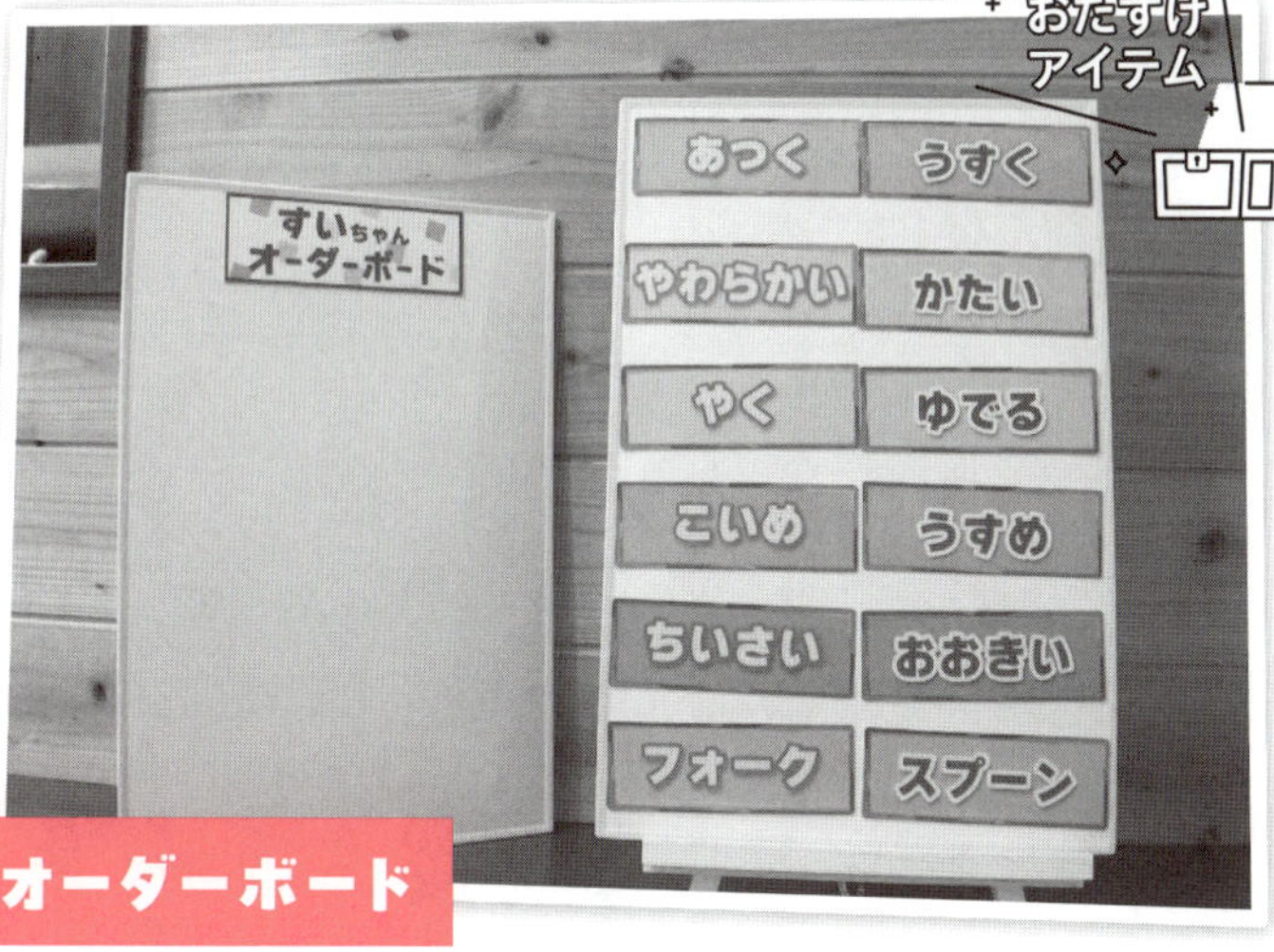

オーダーボード

沿って調理していきます。

ここでのポイントは、**自分好みの調理方法を決める**ということです。オーダーボードを使って選択することで、**自分の思い通りのものを作ってもらえたといううれしさや満足感につながりやすくなります**。また、お子さんと一緒に調理をする、もしくは調理しているところを見せてあげると視覚的効果もあり、より興味を持ちやすくなって食べてくれる確率も上がります。

POINT!

お子さん好みにすることで その野菜に興味を持ってもらえ 食べてもらえる確率がアップ！

case 4

野菜炒めが入ったお皿を台所の流しにポイッ!!
野菜全般が大嫌いな2歳の男の子

——2021年12月23日放送

2歳前後のお子さんがいる親御さんの中で、偏食や好き嫌いについて悩んでいる方は多いと思います。でも実は、**2歳時点で約50％のお子さんが偏食**と言われていて、「うちの子だけがおかしいのでは……」と**悩んだり心配したりする必要はありません**ので、まずはご安心ください。

無理に野菜や苦手なものを食べさせなくてもいいと思いますが、どうしてもお子さんに食べてほしいと思う場合は**「ミキサー」**を使ってみてください。ここで大事なのは、**野菜をミキサーにかけて料理に入れるところを隠さず、ちゃんと子どもに見てもらう**ことです。苦手な食材をミキサーでペースト状や細かくし、子どもに内緒で料理に混ぜ込むことも多いと思いますが、そうではなく、子どもに見てもらうことで、お子さん自身が**「野菜を食べられた」という経験を積むことができる**のです。

この回では、料理をあまりしないというパパが登場。にんじん、たまねぎ、ブロッコリーなど、普段食べてもらえない野菜で特製シチューを作ります。食卓に着いている2歳の男の子に「に

ミキサー

んじんの皮むくよ」「これは鶏肉だよ」と**実況しながら料理を進めていく**パパですが、実はこれがGOODポイント！　保育園でも給食を食べる前に、その日のメニューにどんな野菜が入っているか、栄養素と一緒に説明したりすることがあるのです。番組ではミキサーの出番はなく、男の子はにんじん、たまねぎ、ブロッコリーを食べてくれました。**一つひとつの工程を見せながら男の子とお話していたことが、料理への興味・関心につながり**、野菜を食べてくれたのかもしれません。

POINT!

一緒に食材をミキサーにかける、子どもの目の前で料理するなどその過程を見せるのがおすすめ！

case 5

好きなごはんも気分が乗らないと食べない！ お料理ごっこが大好きな3歳の女の子 ——2022年6月1日放送

ごはんを食べてくれないときは、まずお子さんに、**ごはんに親しみを持ってもらう**のがいいかもしれません。お子さんに料理のお手伝いをしてもらったりして、お子さんができそうなことを頼んだりすることで、食事が進みやすくなることもあります。

例えば、普段お料理ごっこが好きなお子さんにおすすめなのが、**エプロンと三角巾をつけ、親御さんにお手伝いしてもらいながら自分でお料理をする方法**です。ごはんをよそったり、おかずを盛り付けたりすることで、ごはんに興味が出てくることがあります。

番組に登場した3歳の女の子は、おたすけアイテムのかわいいエプロンと三角巾をつけてお手伝いをしていく中で、**「いつもは野菜食べないから野菜を食べる！」と自分から宣言**。さらに、「にんじんを切るの」と、苦手なにんじんにも興味を示すようになりました。そうなったときは、危なくない範囲で、キッチンバサミや包丁などを使ってお子さんが**野菜を切る体験をすると、もっと野菜に興味を持ちやすくなります**（※キッチンバサミや包丁を使うときは親御さんがそばで

おたすけアイテム

エプロン＆三角巾

見守ってください)。

モニタリングでは、1歳の妹に「見ててね」と言いながら、嫌いなお肉を食べるところを見せたり、野菜も自分から食べたりしていた女の子。下のきょうだいがいるお子さんの場合は、**「お兄ちゃん／お姉ちゃんだからできる」「大きくなったからできる」という特別感を出す**のもいいかもしれません。

POINT!

▼ お子さんと一緒に料理をすることでごはんに親しみが持て苦手な食材も食べてくれやすくなる

Mission
#2

なかなか食事が進まない子どもに自分からごはんを食べてもらおう

自分で食べられるのに「自分で食べるの、イヤ」と甘えてくる。パパが作った料理を食べてくれない。そんなお悩みには、その〝イヤ〟と向き合って原因を探ってみよう！

case1

妹が生まれてから「ごはん食べさせて！」と甘えん坊になった3歳の男の子

――2022年6月15日放送

今回登場したご家庭には、「下の子が生まれて以来、3歳のお兄ちゃんが自分でごはんを食べられるのに『食べさせて』と言ってなかなか自分で食べてくれない」というお悩みがありました。下の子のお口に親御さんがごはんを運ぶ光景を見て、「自分も食べさせてもらいたい！」という気持ちが芽生えているのかもしれません。そこでおすすめのアイテムが、**「くじ引きの箱&カード&ペン」**です。紙に「ごはん」「お魚」「おみそ汁」など、その日の献立をイラストでも文字でもい

おたすけアイテム

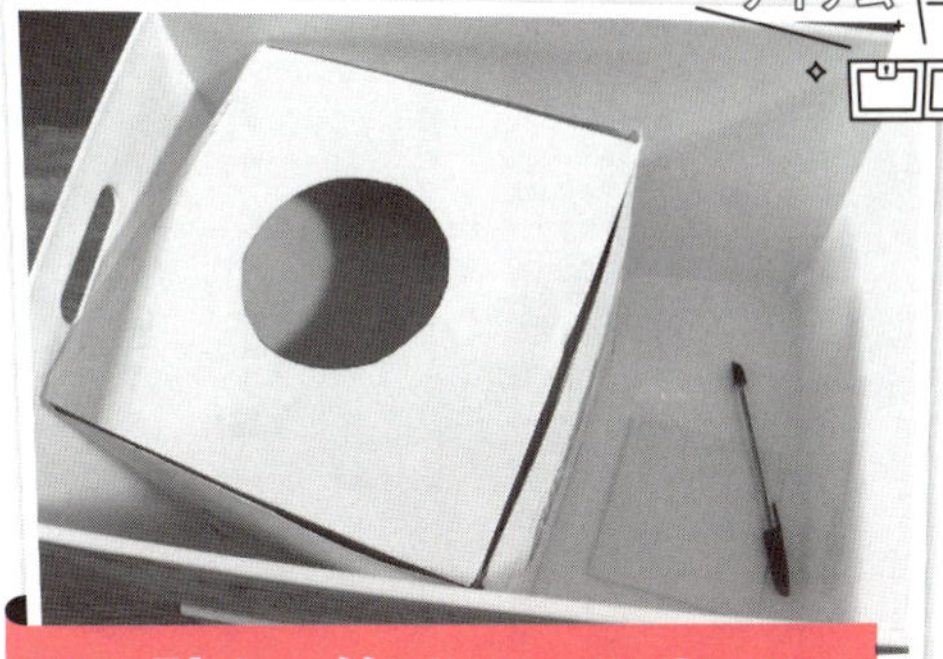

くじ引きの箱＆カード＆ペン

いので書き込み、それを折って箱の中に入れます。そして**お子さんにくじを引いてもらい、「出てきたメニューを自分で食べてみよう」**と声がけしてみてください。「このお料理の、このお野菜を食べてほしい！」という食材があるときは、「野菜炒めのたまねぎ」「おみそ汁のにんじん」など、**食べてもらいたい食材を具体的に**書いてみるといいでしょう。

お子さんの食事が進まないときは「食べなさい」という指示や命令ではなく、くじ引きのように**子どもが自分で引いたものを食べるという方法で間接的に「自分で決めた」という意識を持ちやすくする**と食べてくれるようになります。

POINT!

「食べなさい」という命令ではなく「自分で決めた」という意識を持てるようにしてみよう

case 2

パパが作った特製ハンバーグを一度も食べてくれない1歳9カ月の女の子 ——2022年6月8日放送

お子さんのために愛情を込めてごはんを作っても、食べてくれず、心が折れる親御さんも多いのではないでしょうか。今回は、「自分が作ったハンバーグを一度も食べてもらったことがない」というパパが出演。普段からペンギンのパペット人形と遊んだり、ふりかけが好きという1歳9カ月の女の子の個性を基に考えられた**「パペット人形&型抜き&粉末パセリ」**の3つのおたすけアイテムが登場しました。

1つめのパペット人形は、「動物さんと一緒に食べよう」と言いながら、まずは**動物さんに「あ～ん」と食べてもらうマネをして、その流れでお子さんに食べてもらいましょう**。2つめの型抜きは、ウサギやクマなどの型でハンバーグをくり抜き、**「ウサギさんのハンバーグ食べてみようか」**と声がけしてみてください。いつもとは違う形に興味を示してくれるかもしれません。3つめは、粉末パセリ。**ふりかけ感覚でかけながら**、「これをかけて食べたらおいしいよ!」と促してみるのもおすすめです。ほかにもしそふりかけなど、お子さんが好きなものをかけても

おたすけアイテム

パペット人形 & 型抜き & 粉末パセリ

OKです。今回の女の子の場合、どのアイテムを試しても食べてくれなかったのですが、ハンバーグを崩してみたところ2口食べてくれました。**固形物が嫌だったり、口の中でもぐもぐするのが好きではなかったり**と、**食べてくれない原因はお子さんによってさまざま**。P.20でお伝えしたように、2歳頃のお子さんは約半数が偏食と言われているので、何をしても食べてくれないときは気にせず、「食べられるものを食べられるだけで十分」とポジティブに考えてみましょう。

POINT!

なかなか食べてくれないときは好きなものをかけてみたり形を変えたりするのもおすすめ

Mission #3

じっとしていられない子どもに落ち着いてごはんを食べてもらおう

「子どもが食事に集中してくれない」とお悩みの親御さんにぜひ試してほしい！
お悩み解決のヒントは、「自分から食べたい」と思える環境作りです。

case 1

ごはん中に遊んでしまい長く座っていられない3歳の女の子

——2023年4月12日放送

食事中にもかかわらず、食事に飽きてイスの上に立ち上がったり、席を立ったりするお子さんに手を焼いている親御さんも多いと思います。子どもが食事中にじっとするのが難しいのは、**食べることに対する集中力が途切れてしまっている**からかもしれません。

そこでおすすめのアイテムが、**それまでに食べていた食器とは違う「どんぶり」**。お子さんに好きなお皿を1つ選んでもらい、その器に盛りなおします。そうすることで**気持ちがリセット**

どんぶり

された、もう一度食べることに興味がわき、集中力が戻って残りを食べてくれることが多いのです。

番組では、「3姉妹の次女が食事中に遊んでしまい、いつも食卓は大騒ぎ！」というご家庭が登場。先に食べ終わったお姉ちゃんを見て、まだ食べ終わっていないにもかかわらず、同じように「ごちそうさまでした！」と席を立ってしまう場面もありましたが、この方法で見事ごはんを再開し、完食！　同じような悩みを抱えている方はぜひ一度試してみてください。

POINT!

新しいどんぶりに盛りなおし気持ちをリセットすることで食事への興味を取り戻そう

case 2

ごはんの時間になっても席に着いてくれない！食べることにあまり興味がない5歳の男の子——2021年12月30日放送

ごはんの時間になってもお子さんがなかなか席に着かない場合、「食べる」という抽象的な表現だと子どもは興味・関心が起きにくいので、「これをまず食べよう」「次にこれを食べよう」「最後にこれを食べよう！」という**具体的な計画を大人と一緒に立てる**ことで、**行動が具体的になり、食に対する興味・関心がわきやすくなります**。

例えば、「おうち作りをして遊びたい！」など、食事よりも遊びたいという気持ちが強いお子さんには、「じゃあ、おうちを作る前にごはんを食べよう。最初に何食べたい？」と、どの順番でごはんを食べるか一緒に計画を立て、スケッチブックに書いていきます。最後に「おうちを作る」とお子さんがやりたいことを書き、それを見えるところに置いてみてください。**スケッチブックに書く＝お子さんがやりたいことを保証する**、という意味もあるのです。そして、できたら線で消していきましょう。そうすることで、やりたいことに近づいていることを実感でき、より食事が進みやすくなります。

▼書き方例

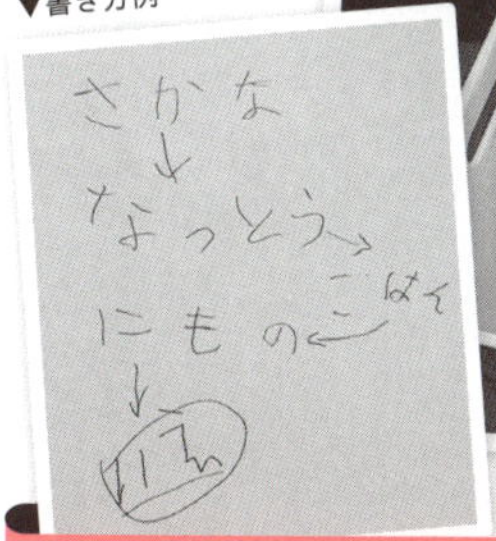

スケッチブック＆ペン

また、食べている途中でイスの上に立ち上がったときは、**お子さんのその気持ちは受け止めたうえで**、「でも危ないから座ろうね」「食事中だから降りようね」という声がけをしてみてください。必要に応じて、ダメなことはダメと伝えないと、お子さんのやりたい放題になってしまいます。**お子さんの気持ちを「受け止める」と「受け入れる」を分けて考える**ことで、時間も効率的に使えますし、親御さんの負担も減ると思います。

POINT!

▼

抽象的な表現ではなく何を食べるかなど行動を具体化して計画を立てよう

case 3

イヤイヤ期真っ只中！食事の途中で席を立ってしまう2歳の女の子

——2023年6月14日放送

食事に興味が持てなかったり、すぐに飽きたりしてしまうお子さんの場合、**食卓の環境を見直してみることもおすすめ**です。番組では、「2歳の子どもが食事中に走って逃げたり、食べてくれても中頃までいくと座っているのがつらくなって席を立ってしまう」というお悩みを抱えた親御さんが登場。モニタリング中も、半分ほど食べ終えたところで食事を終了しますが、残ったごはんは気になる様子……。そこで「もう少しお姉さんらしい食事環境のほうが集中して食べるのではないか」というアドバイスのもと、女の子のサイズに合った**「小さなテーブル&イス」を用意**したところ、新しいイスに座って、再びごはんを食べ始めました。

ママやパパとの距離が遠すぎる、イスが座りにくいなど、**食事そのものではなく、食事をする環境を嫌がっている場合があります**ので、お子さんの成長に合わせて、テーブルやイスのサイズを見直すことで、嫌がっている原因が見つかるかもしれません。

また、立ち上がったり、イスで遊びだしたりしたときは、**足を置いてほしい場所にガムテー**

小さなテーブル＆イス

プを貼り、貼ったガムテープに絵を描いてみましょう（番組では片足ずつ、ブタとクマの絵を描きました）。そして、「ブタさんとクマさんのところに○○ちゃんの足を『こんにちは』してみようか？」と声をかけながらイスに座ってもらってください。**足を置く場所をわかりやすくするだけで、足のほうに意識が向き、足元を見ながら自分で気をつけて座ってくれる**ようになります。

POINT!

▼

お子さんの成長に合わせて食事の環境を見直し整えていくことが大事！

case 4

ごはんの途中でゴローンと寝転んでしまい最後まで食事に集中できない3歳の女の子

——2023年5月17日放送

子どもが目の前の食事に集中できないときは、**ごはんをしっかり食べている姿を「ちゃんと見ているよ」と伝えることが大切**です。その方法のひとつとしておすすめなのが、**「応援うちわ」**です。アイドルを応援するときに使うようなうちわをママやパパが持ち、うちわを振りながら「○○ちゃん、ごはん食べているの素敵！」「いい姿勢で食べられているね」と、**推しにエールを送るようなイメージで応援**してみましょう。このうちわを振ると、「ちゃんとごはんを食べているところを見ているよ！ 応援しているよ！」ということが、お子さんに視覚でわかりやすく伝わります。そうすることで、大好きなママやパパに応援してもらっていることがうれしくなり、いい状態を保ちやすくなります。もしお顔の写真を準備できない場合は、名前だけでも大丈夫です。

番組では、最初はおとなしくごはんを食べていても、しばらくするとゴローンと寝転んだり、いろんなところを足で蹴り始めたりと、最後まで姿勢よくごはんを食べきれない3歳の女の子

応援うちわ

が登場。普段、子どもにどんな声がけをすればいいかわからないと悩んでいるパパは、恥ずかしさも相まってなかなかうまく応援できずにいましたが、女の子は「(うちわの)ハートが好き~」「応援してよ~」とうれしそうな様子。パパも自分の殻を破り、がんばって応援を続けることで、女の子は最後まで姿勢よくごはんを食べることに成功しました！　**お子さんにどんな声がけをすればいいか悩んでいる親御さんにとっても声がけのヒントになる**と思いますので、ぜひ試してみてください。

POINT!

がんばって食べているところを「ちゃんと見ているよ」と視覚的に伝えよう

Mission #4

ごはんの前にお菓子を食べさせることなく食事の時間を迎えられるようにしよう

ごはんの前の子どもの「お菓子食べたい！」は〝あるある〟ですよね。
その状況を打破できるかもしれない心強いアイテムはどのご家庭にもあるアレ！

case

食事の前でもジュースやお菓子をほしがるお菓子大好きな2歳5カ月の女の子――2024年5月14日放送

ごはんを待てずにお菓子をおねだりされ、「もう少しでごはんができるから我慢してほしい」と思いながらも、機嫌が悪くなったり、大泣きしたりするお子さんを目の前に、ついついお菓子をあげてしまう親御さんもいるのではないでしょうか。そんなときは、**バッグを用意し、その中に1つだけお菓子を入れてお子さんに持ってもらい、「ごはんを食べ終わったらこれを食べようね」と提案してみる**といいかもしれません。今は食べられないけど、お菓子が自分のも

おたすけアイテム

お子さん専用バッグ

※番組で紹介したアイテムに似たものを編集部が用意し撮影

のになっているので、我慢できる確率がアップしやすくなります。そのとき、**「これは○○ちゃんのだよ！」とお子さんのものであることを強調することが大事**です。

「お菓子を食べたい」という要求に対して、「ダメ！」と否定されると、「ママやパパに勝ちたい」という気持ちが強くなります。「お菓子をあなたにあげます！」と、親御さんが負ける姿勢を見せれば、お子さんも納得しやすくなるので、お子さんの欲求が爆発して自分の主張を曲げないときは、**「できない！」と拒否するのではなく、できる範囲で欲求を叶えようとする姿勢を見せてみましょう**。

POINT!

お子さんのお菓子であることを強調して「自分の要求が通った」と思ってもらえるように促そう

column 1

苦手な野菜を食べてもらうには料理の中に野菜を隠すよりもオープンにするのがおすすめ！

苦手な野菜を食べてもらおうと、がんばって野菜を細かく切って料理に入れている親御さんも多いと思いますが、この方法は親御さんがどこか後ろめたさを感じてしまいますし、**どうにか食べさせよう→隠す→子どもが見つける→だまされた！**と、お子さんにも「親が自分をだまして食べさせようとしている」という感情が芽生え、野菜がもっと嫌いになる可能性が出てきます。そこで一度、隠すよりも野菜の情報をオープンにしてみてください。**野菜の情報をオープンにする→野菜のことを知る・興味を持つ→食べる！**のほうが食べてもらいやすくなります。お子さん自身に食材やごはんに興味を持ってもらったうえで、楽しい雰囲気の食事にするといいでしょう。

第2章

生活習慣・しつけの悩みのおたすけアイテム

お昼寝、歯みがき、お着替えにお片づけ。お子さんに進んでやってもらおうとすると、なかなか一筋縄ではいきませんよね。この章では、そういった生活習慣やしつけのお悩みに役に立つかもしれないアイテムをご紹介します。

Mission
#5

「寝かしつけ」をしなくても自分から寝られるように手伝おう

寝かしつけは平均1時間以上。だっこじゃないと寝てくれず腰が砕けそう……。そんな苦行のようなねんねタイムのお悩みは、寝るまでのステップの見直しが鍵に！

case1

寝かしつけの最中に起き上がって遊びだしてしまう乗り物が大好きな3歳の男の子

――2021年3月30日放送

お子さんに寝てもらいたいと思ったときは、「どのように寝かせようか」と考えるよりも、**「どうすれば〝寝ること〟に子どもの意識が向くか」を考えてみる**のがおすすめです。子どもはどうしても、自分の頭の中が「寝るモード」にならないと、なかなかうまく寝ることができない場合が多いので、**いきなり寝かしつけるのではなく、自分から寝る準備を整えられるように、大人が手伝う**といいかもしれません。

布

例えば、乗り物が好きな子なら**大好きな車のおもちゃに布をかけ、「おやすみ〜」と声をかけてみる。**まずは、子どもがおもちゃを寝かせてみることで、寝ることに対する意識が生まれやすくなります。

2歳くらいであれば、**お手伝いをしてもらいながら、子どもが自分から寝るほうに進むのを促してみる**のもいいですね。例えば、ママやパパと**一緒に部屋の電気を消してみる**、いつも大人が敷いている**布団を子どもが敷いてみる**といったことも、「寝ること」に意識が向きやすくなります。

POINT!

「おやすみ〜」と言いながらおもちゃに布をかけて寝るモードへの切り替えを促す

case 2

「ねんね」と聞くと、嫌がって大号泣！長時間だっこをしないと寝てくれない2歳の女の子

——2022年5月11日放送

ねんねを嫌がって泣いたり、ベッドに上がるのを拒否する子に対して、**共感せずに嫌なことを押しつけるのは逆効果**。「そうか、○○ちゃんはまだお布団に入りたくないんだね」「○○ちゃんはもっと遊びたかったんだね」というように、まず**嫌な気持ちを受け止めてみましょう**。

そのうえで、「もう遊ぶのはおしまい！」と強制的にねんねに移るのではなく、まだ遊びたいと思っている子に対しては**遊びの延長のような「ねんねの準備」のステップをはさみ**、徐々に眠る準備へ移っていく方法を試してみるのもいいかもしれません。

例えば、大好きなぬいぐるみがある子や、お世話好きの子におすすめなのが、ぬいぐるみ遊びをする感覚で、**ぬいぐるみをトントンして寝かしつける方法**です。「△△(ぬいぐるみの名前)がもう眠いって」「一緒にトントンしてあげよう」などと声をかけてベッドへ誘導し、まずは大人が横になってぬいぐるみをなでる。その次に、子どもにぬいぐるみをなでてもらいます。ぬいぐるみがなければ、子どもに大人をトントンしてもらって、その次に大人が子どもをトント

ぬいぐるみ

ンする、といったやり方もOK。**寝室など「ねんねの空間」に入ったら、小声で話す**ようにするのも大事なポイントです。

番組では2歳の娘さんを普段30分以上かけてだっこで寝かしつけていたパパがこの方法に挑戦し、**モニタリング中に初めてベッドでのねんねに成功！**「いつも無理やり寝かせている感じがあまり好きじゃなかったけれど、自分から自然に寝てくれてうれしかった」というパパのコメントが印象的でした。

POINT!

「寝たくない」にまず共感！ぬいぐるみで遊ぶ感覚でねんねの準備をしてみよう

Mission #6

力技で乗り切るのはもう卒業！ 楽しく歯みがきをしてもらおう

わが子の歯を守るために避けては通れない歯みがきタイム。イラストやかわいい歯ブラシを使って、まずは「楽しい時間」であることを感じてもらいましょう。

case 1

歯ブラシを見ると一目散に逃走！「イヤなものはイヤ！」とはっきり主張する2歳の女の子

――2022年9月14日放送

歯みがきを嫌がるお子さんの場合、少し強引にすませてしまうことも多いと思いますが、大切なのは**歯みがきの時間を好きになってもらう**こと。そのために番組でご提案した方法が、**スケッチブックに歯の絵を描き、絵を見ながら一緒に歯みがきをする**方法です。

まずは、スケッチブックに大人と子どもの歯をそれぞれ描きます。絵が完成したら、最初はママやパパがお手本を見せましょう。その際、「ここを磨くね」とイラストの歯を指さして、磨

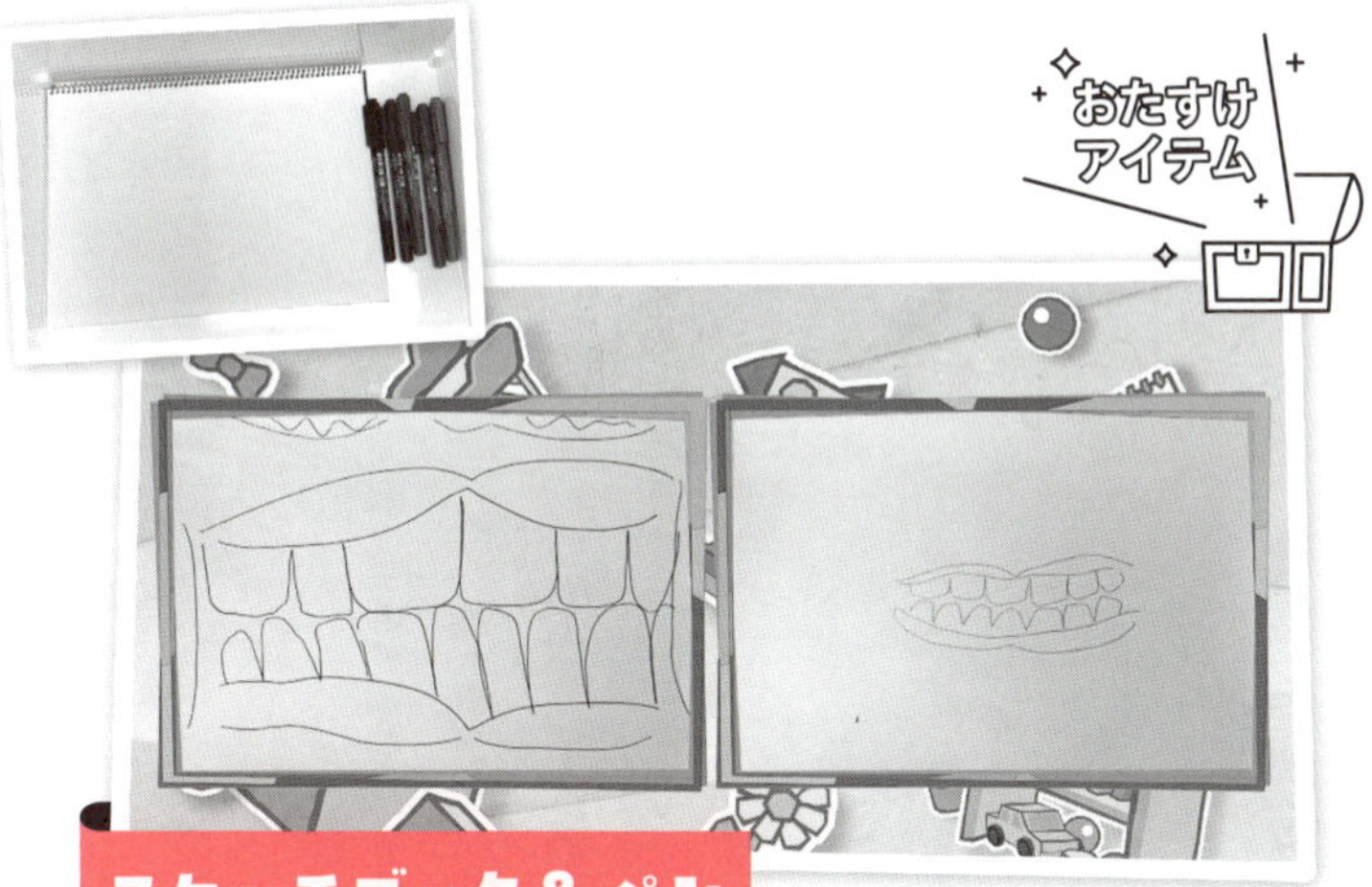

スケッチブック＆ペン

く場所を決めてから磨きます。次はお子さんの番。「今度は○○ちゃんがやってみようか」というように促し、イラストを見てもらいながら「どこの歯を磨きたい？」と尋ねましょう。お子さんが磨く歯を選んだら「○○ちゃんの歯だとここだね」と声をかけ、磨いてもらいます。

仕上げみがきを嫌がる場合は**まず子どもにママやパパの仕上げみがきをしてもらう**のがおすすめ。そのうえで、「パパはできたから今度は○○ちゃんの仕上げをしようか」と誘ってみましょう。

POINT!

スケッチブックに歯を描き磨く場所を自分で選択！絵を見ながら楽しく磨こう

case 2

仕上げみがきはいつもレスリング状態！歯みがきが苦手で大泣きしてしまう1歳10カ月の女の子

——2023年6月21日放送

　子どもはそもそも歯ブラシに触れる機会が少ないため、歯みがきにもなかなか慣れることができません。そこで、**思わず歯ブラシを触りたくなるようなアイテム**を使ってみるのもおすすめです。例えば、**動物の形をしたかわいい「子ども用歯ブラシ」**もそのひとつ。ブタやトラなどいくつか種類がある中から、まずはお子さんに「どれがいい？」と好きなものを選んでもらいましょう。次に、ママやパパも自分で好きなものを選んで、一緒に磨いてください。「ブタさんで歯みがき楽しいね！」「パパもこの動物さんで歯を磨くのが楽しいな！」というように声をかけながら磨くことで、**まずはお子さんに「歯みがきが楽しい時間である」ということを感じてもらいましょう**。

　このように歯みがきの時間を楽しく過ごすと、歯みがきを嫌がることが減っていき、**自然と仕上げみがきをさせてくれるようになる**可能性が高いです。まずは焦らず、歯みがきの時間が楽しいと思ってもらえるようにしてみましょう。

おたすけアイテム

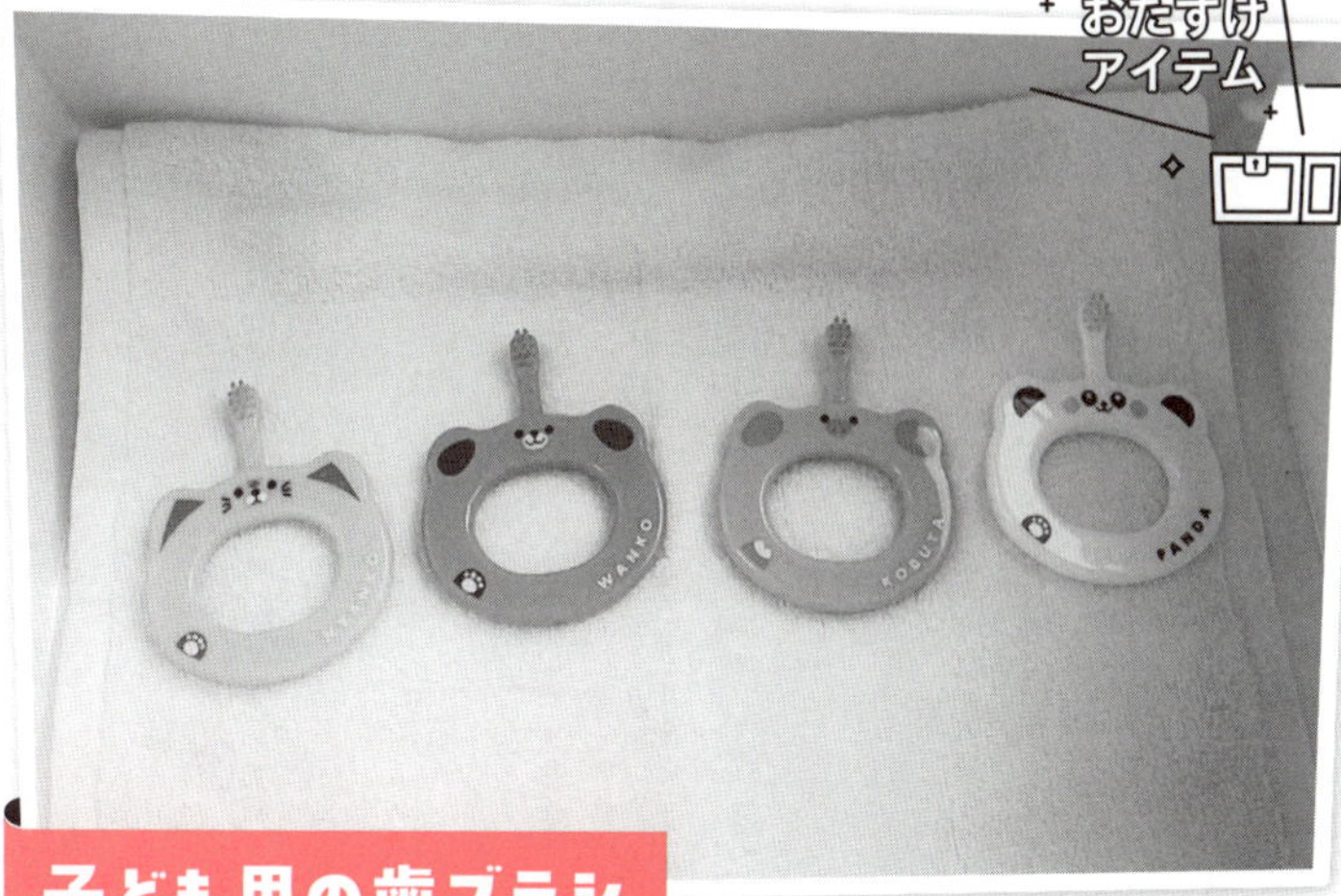

子ども用の歯ブラシ

※のど突き防止対策を施したもの

その際、**イスなどに座って鏡を見ながら磨いてみる**のもおすすめです。お子さんが鏡を見ながら遊んでしまっても大丈夫。まずは楽しんでいるかどうかが大切です。ただし、ひとりみがきをする時間があまりに長くなってしまうと、お子さんが飽きてしまい、仕上げみがきを嫌がってしまう場合も。お子さんの様子を見ながら、ほかのことに意識が移ってしまう前に、**楽しい雰囲気のまま仕上げへと誘導**できるのが理想です。

POINT!

▼

かわいい歯ブラシを使って「歯みがきは楽しい時間」と思ってもらえるようにしよう

Mission #7

帰宅後やごはんの前に進んで手洗いをしてもらおう

しっかり習慣づけたい手洗いですが、洗おうとすると「イヤだ！」と脱走。そんなときは、子どもが好きなものを活用したり、一緒に遊ぶ感覚で誘導してみましょう。

case

イヤイヤ期真っ盛りで、手洗いもイヤ～！電車に興味津々な2歳の男の子

――2022年3月7日放送

番組では「まだ電車ごっこで遊びたい～！」と、泣きながら手洗いを拒否するお子さんのために、**大好きな電車と関連がある「駅員さんの帽子」**をご用意しました。パパと一緒に帽子をかぶり、「手を洗うところまで出発～！」と声をかけることで、**洗面所への誘導に成功**。ただ、肝心の手は洗えなかったので、お子さんに**パパの手洗いを手伝ってもらう方法に切り替え**ました。今度は洗面所には行かず、リビングにハンドソープのボトルを移動。

駅員さんの帽子

まず、お子さんにポンプを押してもらい、パパの手に石けんの泡を出します。次に、自分の手にも石けんを出すとニコニコご機嫌に。すかさずパパが「流しに行こう！」と誘い、見事に手洗いを完了させました！　このように、お子さんが「イヤだ」と言っている場合には、**まず大人を手伝ってもらう**のもおすすめです。手を洗ってほしいのであれば、まずママやパパの手洗いを手伝ってもらったうえで、「〇〇くんの手を洗おうね」と誘うことでスムーズに進みやすくなります。

POINT!

洗面所に行くのが嫌なら リビングでやってみてもOK！ まずは大人を手伝ってもらおう

Mission
#8

すねたり泣いたりせずに進んでお着替えしてもらおう

動画やおもちゃで気を紛らわせている隙に親が着替えさせるのもひとつの手ですが、習慣化をはかりたいなら、「自分の意志で着替えた！」という経験の手助けを。

case 1

自分の要求が通らないと怒って大泣き！おしゃべり上手で歌が大好きな2歳5カ月の女の子
——2024年5月14日放送

2～3歳ぐらいのお子さんの場合、**お着替えをストーリー仕立てにする**ことで楽しくなり、さっと着替えやすくなることがあります。ママやパパが魔法使いに扮して、「今から○○ちゃんのお洋服を出します！」といった具合に、**いつもの動作を物語の一場面のようにする**ことで、お子さんが世界観に引き込まれ、着替えやすくなるかと思います。

そんなときに使いたいのが**「魔法のステッキ」**。ラップの芯の先にビニールテープで飾りを付

おたすけアイテム

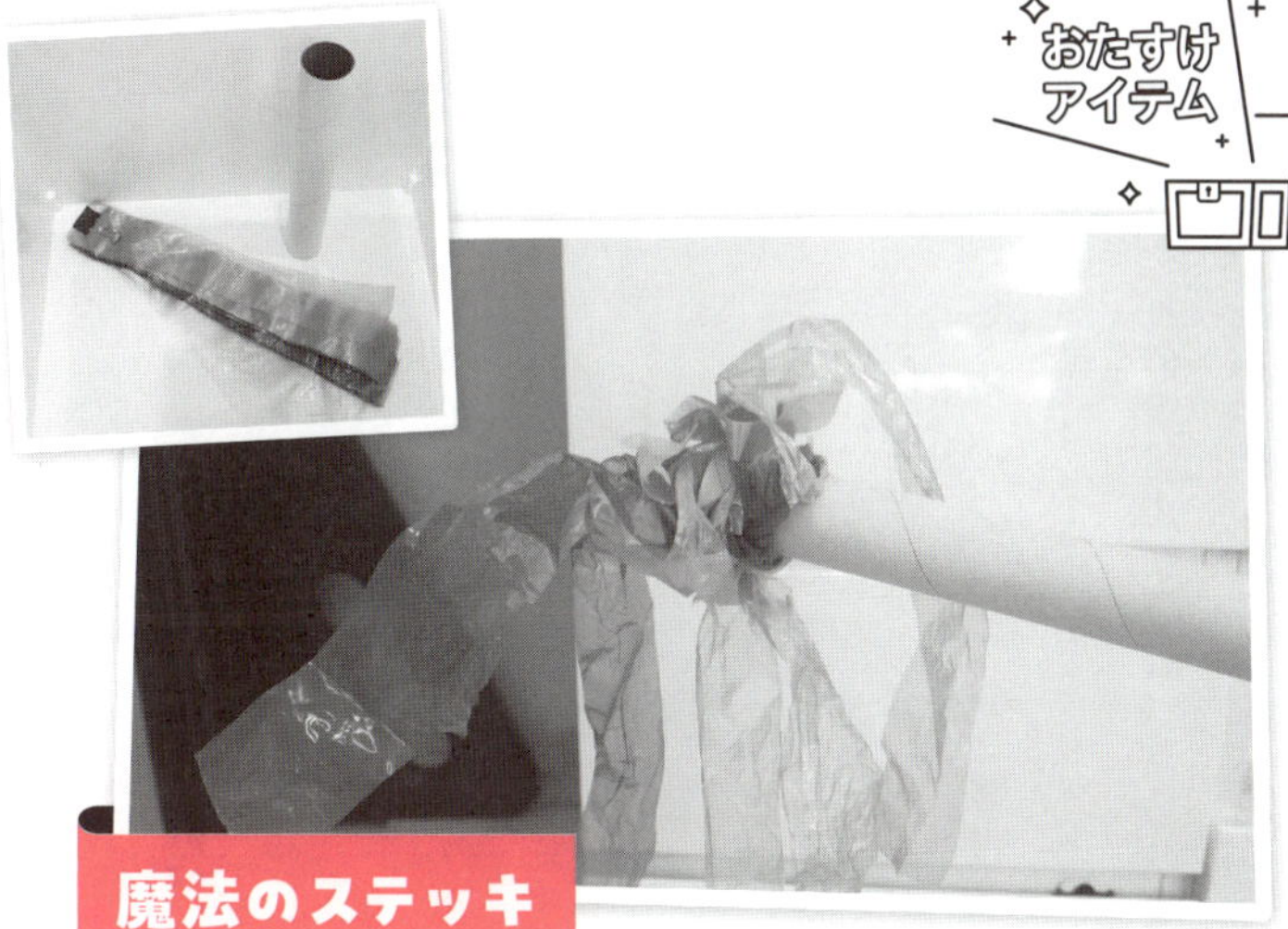

魔法のステッキ

けるだけで簡単にできるので、余裕があれば一緒に作るところから始めてみましょう。

　番組ではお子さんと一緒にステッキを作り、まずはパパが自分に向けて「パパよ、着替えろ～！」と〝魔法〟をかけてお着替え。次に、「○○ちゃん、着替えよ～！」とお子さんに魔法をかけると、自ら進んでズボンをはいてくれました！

　この方法はお着替え以外のいろんなものに応用できますが、**使いすぎるとお子さんが〝魔法〟を嫌いになってしまう**ので要注意です。

POINT!

魔法のステッキを使って いつものお着替えを ストーリー仕立てにしてみる

case 2
好きな洋服じゃないと着替えない！お姫様のようなドレスが大好きな3歳の女の子——2022年6月1日放送

「黒は着ない」「白も着ない」「ドレスじゃないと着ない」と、好みがはっきりしている3歳の女の子。なかなかお着替えが進まないので、パパが1歳の妹を先に着替えさせると「○○ちゃん（妹）、嫌い！」とすねてしまい、ますます進まなくなってしまいました。このように、お姉ちゃんやお兄ちゃんには上の子なりのプライドがあるので、「ほら、妹はもう終わったよ」と言われると余計にモチベーションが下がってしまいがち。なので、できるだけ**きょうだいを比較するような言い方は避けてください**。きょうだいの場合はぜひ気を付けていただきたいポイントです。

とはいえ、お姉ちゃんの着替えが終わらないと、妹の着替えも進みませんよね。そこで活用していただきたいのが、**どこまで着替えたかを確認できる「お支度ボード」**です。番組で用意したのは磁石が付くタイプのボード。上着・ズボン・靴下など、洋服を描いたマグネットを用意し、それぞれの着替えが終わったらひとつずつ裏返していきます。これに沿って、「まずは一番上のものを着替えよう」「次にズボンをはこう」「最後に靴下はどうしようか」というように着

おたすけアイテム

お支度ボード

替えを進めることで、**やるべきこと、まだ終わっていないもの、終わったものを可視化**できるようにしました。

実際に挑戦してみると、一度すねてしまったお姉ちゃんも前向きに取り組み、スムーズにお着替えが完了。「楽しそうなのがいいですね!」と、モニタリングしているママもうれしそうでした。

マグネットは本人のものに加えて、親御さんや弟・妹の分も用意して、ボードを使いながらみんなで一緒に着替えてみるのもおすすめです。

POINT!

▼

やるべきことや終わったことをボードで可視化することでゲーム感覚で楽しく着替えよう

Mission
#9

つかみ食べを卒業してスプーンで食べられるようになろう

大人にとっては簡単に感じるスプーンやフォークも、子どもにとってはたくさん練習が必要。苦手意識を克服できるように、遊び感覚で一緒に練習してみましょう。

case

テーブルの下はいつも食べこぼしだらけ
スプーンやフォークが苦手な4歳の男の子

——2023年5月10日放送

スプーンやフォークを使うのが苦手なお子さんに対しては、まずは**遊びを通じての練習がおすすめ**です。練習を遊び感覚で楽しむことで、苦手なことも挑戦しやすくなります。

番組でご紹介したのは、**「スプーン&小さく切ったスポンジ」**を使う方法。軽くて転がりやすいスポンジをスプーンにのせ、お皿からお皿へと運び、**ゲームのような感覚で練習ができます**。

ある程度練習をしたら、ママやパパと競争をしてみましょう。「どちらが先にスポンジを別の

スプーン＆小さく切ったスポンジ

お皿にすべて運べるかな？」というように、楽しみながらやってみてください。

うまくできたらほめるのはもちろん、**うまくできなくてもがんばった姿をたくさんほめる**ことが大切です。こうして**成功体験を積み重ねることで自信がつき**、自然とスプーンなどを使う姿につながっていきます。

番組ではこの方法で練習をした男の子が、初めてスプーンでごはんを完食。普段はしないおかわりまでして、ママやパパを驚かせていました！

POINT!

▼

苦手なことは遊び感覚で練習！
成功体験を積み重ねることで
自信がついて自然と身につく

Mission #10

つい大人がやってしまうお片づけを子どもに進んでやってもらおう

おもちゃや絵本を戻す場所はちゃんとわかっているのに、「片づけたくない」とやる気が持てないお子さんに対しては、ゲーム感覚で楽しく片づける方法がおすすめです。

case 1

「お片づけしよう！」と提案しても「やらない〜」と拒否する甘えん坊な3歳の女の子 ―― 2022年8月3日放送

お子さんがお片づけをしてくれない場合、その理由として、片づけ先がわからないとか、片づけるのが面倒くさいといったことが多く挙げられます。そこで、**お片づけにルールやゲーム性を持たせる**ことにより、お子さんがお片づけに対して興味・関心を持ちやすくなります。

番組では、**「布の袋&箱」を用意し、硬いおもちゃは箱の中、柔らかいおもちゃは袋の中へ**入れるというルールを設定。番組では、お子さんに「このおもちゃは硬いかな？　柔らかいかな？」

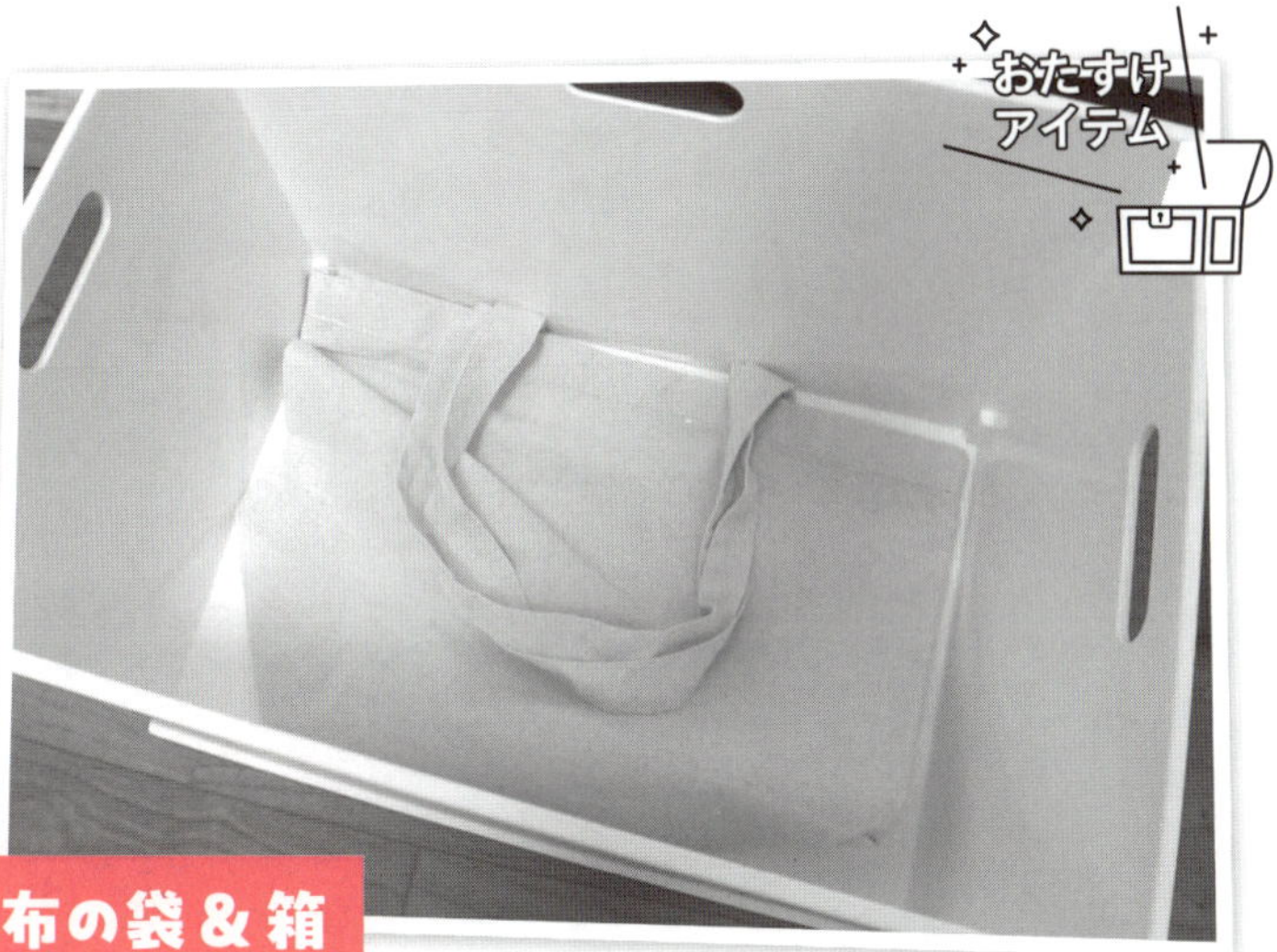

布の袋＆箱

と聞いてもらいながら一緒にやってみると、嫌がっていたお片づけを自分から進めてくれました。

モニタリングしていたママも、「いつもは強めの口調で『片づけてってば！』と言ってしまうので、今のように**楽しそうにやってくれたら一番**うれしいです」と喜んでくれました。

番組では硬いものと柔らかいもので分けるルールにしましたが、大きいものと小さいもの、青と赤などでもＯＫ！　**いろんなバリエーションでお子さんが喜ぶように試して**みてください。

POINT!

子どもが楽しく取り組めるようお片づけにルールやゲーム性を持たせてみよう！

case 2

元気いっぱいで散らかすのはあっという間なのに お片づけはどうしても苦手な5歳と3歳の男の子

——2023年4月19日放送

「お片づけをしよう！」と提案するとなんとなく返事はするものの、まったく片づけが進まない。そんな5歳と3歳の兄弟のために用意したのが、**ロープ付きの白い箱とシールで作る「お片づけトラック」**です。

使い方は以下の3ステップ。**①まずは散らかっているおもちゃをトラックにどんどん入れていきます。②トラックがいっぱいになったら、おもちゃをしまう棚までロープで引っ張って移動。③到着したらおもちゃをトラックから棚へ**。これを繰り返して、お片づけ完了です。

番組では、最初にパパと兄弟で箱にシールを貼って、トラックを作るところから一緒にやってみました。トラックが完成すると、電車ごっこのように仲よくロープで箱を引っ張る二人。パパが「出ちゃってるおもちゃを全部入れよう！」と声をかけると、「は〜い」と返事をして、まずはお兄ちゃんがおもちゃをかごに入れ始めました。すると、その様子を見ていた弟もボールやぬいぐるみを手に取って参加！　さらに、お兄ちゃんが「ボールはここだよ」「ぬいぐるみはこっ

おたすけアイテム

お片づけトラック

POINT!

▼

お片づけトラックを使って楽しくおもちゃを運ぶ方法を提案してみよう

ち」と弟をリードし、**二人で協力して棚へと戻していきました**。

ちなみに、棚へ移動する②の過程では「お片づけ駅まで行ってみようか」と声をかけただけでしたが、自然に自分たちで**おもちゃの分類まで完了！**

少し前まで床に寝転んで、まったくやる気がなさそうだった二人の変貌ぶりにママもびっくり。子どもたちも「(お片づけが)とっても楽しくなったよ！」と達成感に満ちた表情で、散らかっていた部屋がみるみるきれいになりました。

case 3

本当は一人でもできるはずなのに「やって〜!」と甘えてしまう3歳の女の子

――2023年5月3日放送

子どもの「やって!」「見て!」という要求に応えてもわがままにはなりません。むしろ、積極的に応えたほうが安心感が生まれて自立が早くなるといえます。しかしそうしたくても、家事などがあるとなかなか応えられないこともありますよね。そんなときは、**自分のことを見てくれる存在として、「ぬいぐるみ」を用意する**のがおすすめです。ぬいぐるみが見ていてくれることで、**ママやパパのちょっとした代理になり、満足感が得やすくなる**んです。さらに、「ぬいぐるみにお片づけの方法を教えてあげて」などと付け加えることでお兄ちゃんお姉ちゃんとしての気持ちがくすぐられるので、年齢に合わせてぜひお試しください。

番組では年子の妹がいる3歳の女の子に、「そのお人形さんにがんばってお片づけしているところを見せてあげてほしいんだ」「お人形さん、まだお片づけのやり方を知らないんだって。だから、こうやって片づけるんだよって見せてあげて」と伝えることで、がんばって取り組んでくれました。ところが、おもちゃの量が多すぎたことや、目の前で妹が片づけをせずに遊ん

ぬいぐるみ

でいたことで、途中でやる気が削がれてしまったので**「箱の中に運んで入れればOK！」とハードルを下げる**ことに。すると今度は突然、妹のやる気スイッチが入り、お片づけモードに！　それを見たお姉ちゃんも再びやる気を取り戻し、一緒に片づけることができました。「ママやパパに見ていてほしい」「面倒くさい」「妹は片づけていないのにずるい」など、**子どもが片づけたくない理由はさまざま**。お子さんの気持ちに寄り添いながら、楽しく片づけられる方法を探していきましょう。

POINT!

▼

どうしても手が離せないときはママやパパのかわりにぬいぐるみに見守ってもらおう

Mission #11

子どもと一緒に予定を立てて スムーズにおでかけしよう

おでかけの際、家を出るところで行きづまってしまうことってありますよね。そんなときは、お子さんのおでかけに対するモチベーションを高めるのがおすすめです。

case

パパと車で公園におでかけする日なのに ママと離れたくなくて泣いてしまった4歳の男の子

――2024年5月7日放送

お子さんのおでかけに対するモチベーションを高めるためにおすすめなのが、**「おでかけのしおり」を作る**ことです。何時に公園に到着するか、何をして遊ぶか、お昼ごはんの時間は何時にするか、何時に家に帰るのかなどを詳しく書いてみてください。その際、**アナログ時計の絵もあわせて描く**ことで、時間がわかりやすくなると思います。ママやパパと一緒に楽しい予定を立てると、きっと**お子さんたちもおでかけしたい気持ちが強くなる**と思いますよ！

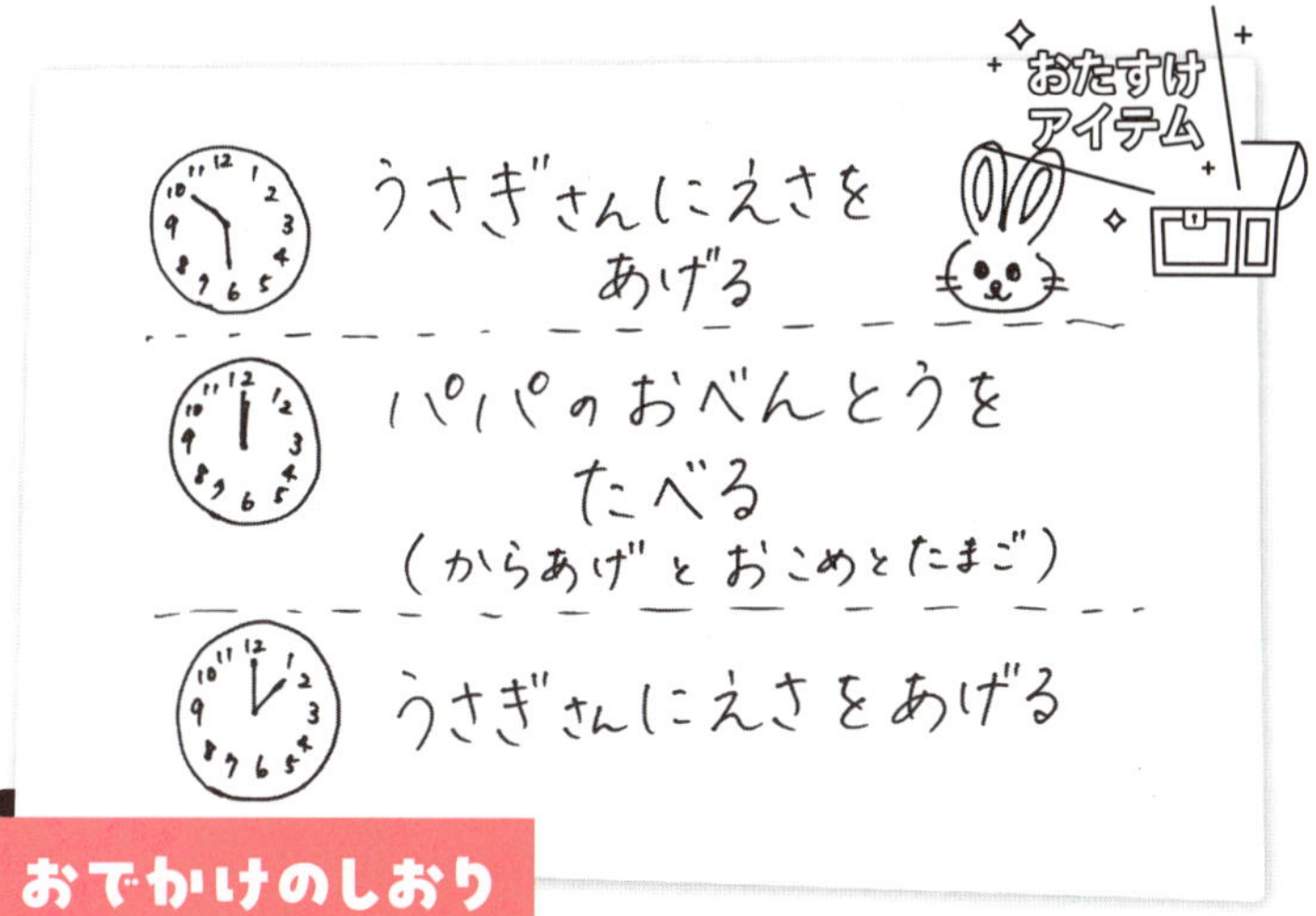

おでかけのしおり

※アイテムは番組の内容を基に編集部で再作成したものを撮影

番組では、車に乗って「いざ出発！」というタイミングで「ママと離れたくない」と泣き出してしまった男の子のために、**スケッチブックを使ってママがしおり作りをお手伝い**。最初は「何をして遊びたい？」と尋ねても「わからないよ～」と泣いていましたが、**お子さんの好きなことやワクワクしそうなことを提案する**ことで、だんだん「ウサギにエサあげる！」とノリノリに。それでもやっぱりさみしくて少し泣いてしまいましたが、帰りまでの楽しい予定を立て、無事に出発することができました。

POINT!

ママやパパと一緒に楽しい予定を立てることでおでかけしたい気持ちがアップ

Mission #12

砂時計の〝変化球〟な使い方で時間を守れるようになってもらおう

時間の概念は理解しているのに、「○時になったら○○しようね」という約束が守れない。そんなお悩みには、砂時計の意外な使い方が効果を発揮しました！

case

片づける約束をした時間になっても遊びだし、なかなか時間が守れない４歳の男の子

——2023年8年16月放送

「5分経ったら片づけをしよう」と約束をしても、お子さんがなかなか守ってくれない。そんなときは**「砂時計」**を使ってみてはいかがでしょうか。「このお砂が全部落ちたらお片づけをしよう」というストレートな提案の仕方もいいのですが、**「お砂が全部落ちるまでは片づけちゃダメだよ」と逆の提案をしてみる**のもおすすめです。特に、**あまのじゃくな時期のお子さんは、このほうがすんなりお片づけを始めてくれる**ケースもあります。

おたすけアイテム

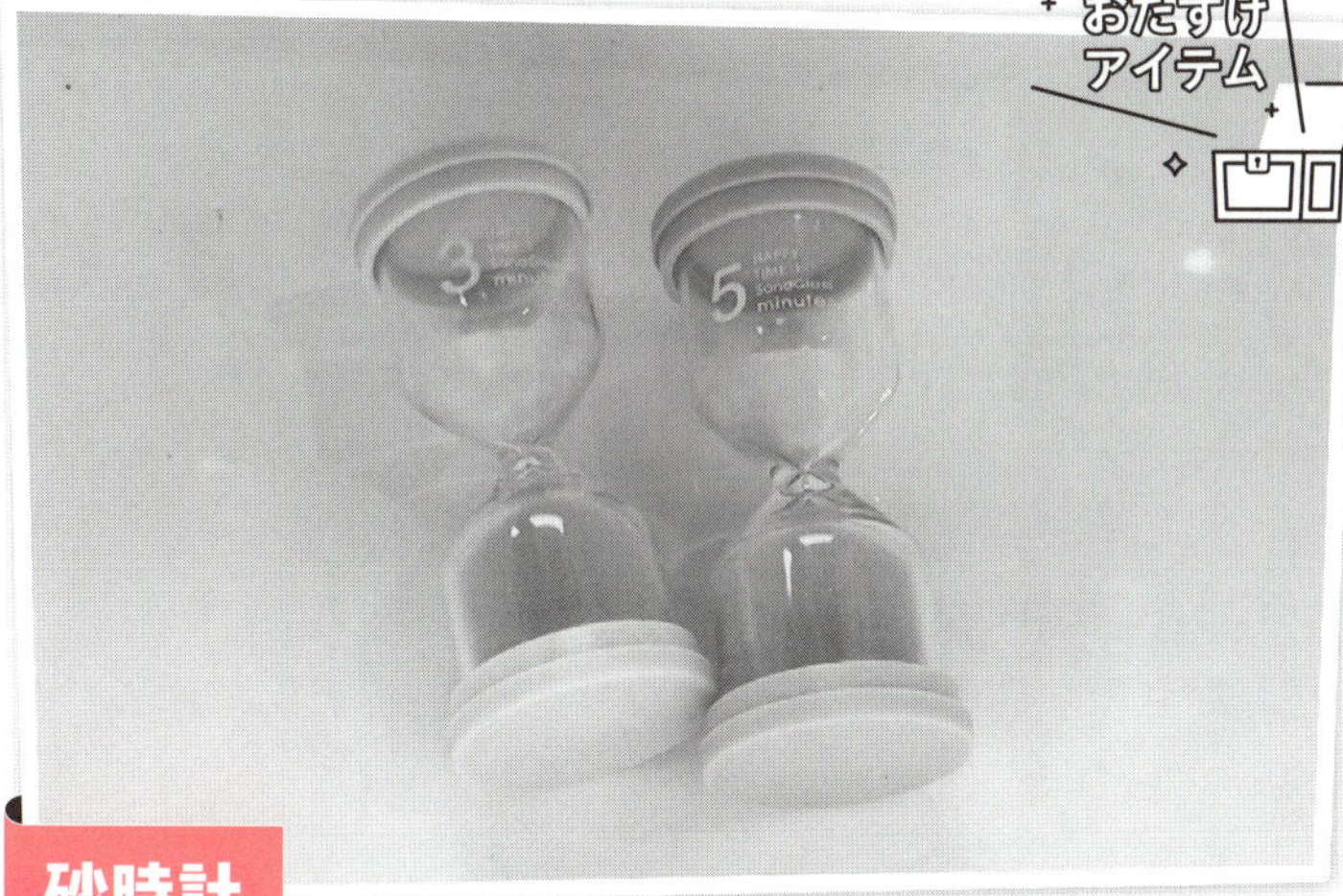

砂時計

番組では、パパからお子さんに「砂が全部落ちるまでは片づけちゃダメ」というルールを説明。そのうえで、パパが「まだ砂が落ちている最中だけど、ちょっと片づけちゃうかな～」という素振りを見せると、**あまのじゃくなお子さんがパパの行動を阻止しようと動きだしました。**本来は、砂が落ちたらお子さん本人に片づけてもらう予定でしたが、**パパの行動を阻止しながら、なんと自分でお片づけをスタート！**　予想とは異なる展開でしたが、砂時計の砂が落ちるまでにお片づけが完了してしまいました！

POINT!

あまのじゃくな時期の子どもは「○時まではやっちゃダメ」と逆提案をすると効果的な場合も

Mission
#13

約束を視覚で理解しやすくすることでやってほしくないことをやめさせよう

お子さんが大人のやってほしくないことをしてしまうときってありますよね。そんなときは、子どもの目に見える形で約束をすることがおすすめです。

case

食事の前に大好きなソーセージが食べたい！こだわりが強い3歳の男の子

——2024年4月9日放送

子どもに何か守ってほしいことがある場合は、**目に見える形で約束をしてみましょう**。番組でご紹介したのは、**「タスキとペン」**を使う方法。お子さんだけでなくママやパパが守る約束も一緒に書いてみてください。さらに、その**タスキを身につけて一緒に宣誓**をします。こうすることで、視覚で理解しやすくなり、お子さんの中に**「ママやパパが約束を守っているから自分も守ってみよう」という責任感が生まれやすく**なります。こうして約束が守れたときには、お

タスキ＆ペン

互いへの信頼が高まるため、**今まで以上に関係性がよくなる**こともあります。

番組で挑戦したのは、食事の前にソーセージを食べてほしくないパパと、料理に使うソーセージを絶対に切らないでほしいと主張する男の子。「今からソーセージを切らないパパになるよ。○○ちゃんもソーセージを食べないでね」と約束しながら一緒に作ったタスキを身につけて一緒に宣誓しました。するとその後はなんとか我慢でき、**約束した通りにごはんを待つことができました！**

POINT!

▼

子どもに守ってほしいことは目に見える形で約束することで責任感が生まれやすくなる

Mission
#14

つい頼ってしまうけれど習慣化は避けたい！
動画を見せる時間を減らそう

家事をするときなどについ頼ってしまう動画。上手に付き合いつつも、見せる時間を制限したいなら、子どもが納得しやすいルールを取り入れてみましょう。

case

自分でスイッチを入れて食事の時間も動画を見てしまう2歳の女の子
——2024年5月21日放送

家事などが忙しいと、お子さんに動画を見せてしまうこともありますよね。それ自体は悪いことではないと思うのですが、動画を見ることが習慣化してしまったり、見すぎてしまったりするのはやめさせたいと悩むことがあると思います。そこでおすすめなのが、**動画をチケット制にする**ことです。ママ、パパが**「見せてもいいな」と思う回数の分だけお子さんにチケットを渡します**。そして、お子さんがそのチケットを持ってきたときだけ、動画を見られるようにし

おたすけアイテム

動画チケット

てみてください。そうすることで、やめなさいとママやパパに言われてやめるよりも、「チケットがもうないから見られない」とお子さんの自覚によって納得しやすくなります。**チケット1枚でどれくらい見られるのかもルールを決めて**おけば、お子さんの動画を見る回数や時間を減らすことにつながると思います。

番組でチケットを使ってみたパパは、「○○ちゃんだけの特別なチケットだよ！」というように特別感を出す声がけも、とてもお上手でした。

POINT!

動画をチケット制にして ママやパパが納得できる範囲で 見られるようにしよう

Mission
#15

ダメな部分を叱るのをやめて上手なほめ方を学ぼう

いいところもたくさんあるのに注意ばかりしてしまう。ほめているつもりなのに子どもにうまく伝わらない。そんなときは言葉や思いを「可視化」してみましょう。

case 1

机をバンバン叩いたり、食器やごはんを投げたり……。活発すぎてママとパパを悩ませる1歳9カ月の女の子
――2023年7月5日放送

よくない行動を正そうと、つい「これじゃダメよ」「これを気をつけようね」という言い方が多くなってしまいがちですが、まずはダメなことを注意するよりも、**こちらが求めるよい姿をほめることを意識**してみましょう。親御さんの意識を変えるのに便利なのが**「得点ボード」**。お子さんのいいところを見つけてほめたら片方の得点を、ダメなところを見つけて叱ったらもう片方の得点をめくります。ボードを使うことで、**自分がどんな声がけをしているのか意識しやす**

得点ボード

くなり、ポジティブな声がけが増えるようになります。また、**子どももほめてもらえる機会が増える**ので、結果的によくない行動が減り、よい行動が増えるといったメリットもあります。

ただ、注意してほしいのは、**叱ることは決して悪いことではない**ということです。もちろんほめるほうが成長にはつながりやすいですが、叱らなければならない場面も必ずあります。それに負けないぐらいほめるのを意識するためのものなので、必要に応じて使い分けてみてくださいね。

POINT!

ダメなことを注意する前に子どもたちのよい姿をほめることを意識してみよう

case 2

注意されると「ママ嫌い！」とすねてしまう 1歳の弟への嫉妬が止まらない4歳の男の子

―― 2024年1月30日放送

お子さんが「ママ嫌い！」などと、**ママやパパにとって悲しいことを言ってくる場合は、かまってほしいという気持ちが強い**ことが考えられます。そんなときにぜひ活用していただきたいのがメダルです。お子さんにメダルを渡すということは、「子どものよい姿を見ていた」という証。同時に、お子さんにとっても、**ママやパパにメダルをもらうということは、「自分のよい姿を見てもらった」という証になります**。「自分のことを見てくれているんだ」と実感しやすくなることで、お子さんの気持ちが満たされやすくなり、結果的に、親御さんから見たお子さんのよくない行動も減っていくかと思います。

番組では、本当はママのことが大好きなのに、かまってほしい気持ちから「大嫌い！」とすねてしまうお兄ちゃんのために、メダルをたくさん用意しました。片づけができた、ごはんを全部食べたといったご褒美であげるという感覚ではなく、**ママがかわいいと思ったら○○賞といった形でメダルを渡し、「ちゃんと見ているよ」という気持ちを伝えます**。

メダル

ママにメダルをもらうと照れ隠しでおどけながらもうれしそうにするお兄ちゃん。メダルをもらったことで弟に優しく接する姿も見られました。

このように、**上の子が求めているのは自分のことをかわいがってくれているという感覚**であることが多いので、理想論ではありますが、上の子の**〝かまってほしいゲージ〟がマックスになる前に、こまめに声がけができるとベスト**です。ぜひメダルを活用して、ママやパパの気持ちをたくさん表現してみてください。

POINT!

▼ **メダルを渡すことで「ちゃんと見ているよ」という気持ちを伝えよう**

column 2

同意のないお片づけ競争は逆効果！まずは片づけたくない気持ちに共感する言葉をかけよう

お片づけをする際などに競争方式を取り入れるのはたしかに効果があるのですが、同意がないままに始めてしまうと、お子さんにとってはただ急かされているように感じてしまい、余計に嫌な気持ちが強くなってしまいます。そのため、お子さんが「お片づけをしたくない」とか「ごはんを食べたくない」と言い出したときは、とにかくまず共感を。「そうか、片づけたくないんだね」「食べたくないんだね」と、お子さんの気持ちに寄り添う言葉をかけてください。ママやパパがしてほしい行動をそのまま言葉にするよりも、いったんお子さんの気持ちを受け止めたうえで声をかけたほうが、お子さんもその後、行動する気持ちになりやすいです。

第3章

感情の悩みのおたすけアイテム

イヤ！ 見て見て!! ギャ～(号泣)!!! どんなにわが子を愛していても、繰り返しの要求や激しいかんしゃくにお手上げ状態になることってありますよね。この章ではそんな感情のお悩みに活用してみたいアイテムをご紹介します。

Mission
#16

「イヤ！」の理由に寄り添ってパパイヤ期をうまく乗り切ろう！

熱烈なラブコールがうれしい反面、ほかのことが何も進まずお困りのママも多いはず。そんなときはママの安心感をパパにプラスできると状況が改善する可能性も！

case 1

パパがトイレに誘うと「まだ出ない！」と断固拒否
トイレトレーニング中の2歳の女の子——2023年8月23日放送

お子さんが「パパはイヤ！」と言う場合、本当にパパのことが嫌いなのではなく、**ママがしてくれるお世話の仕方とパパのやり方が異なっているの**で「イヤだ～！」となっている可能性があります。そんなときは、**ママが普段どうやって歯みがきや寝かしつけなどをしているかを書いたノート**を子どもと一緒に見ながら「ママがこう言ってるから、パパもこうしてみるね」と伝えてみてください。そうすることで、**ママも一緒にお世話をしてくれているような感覚**に近づき、

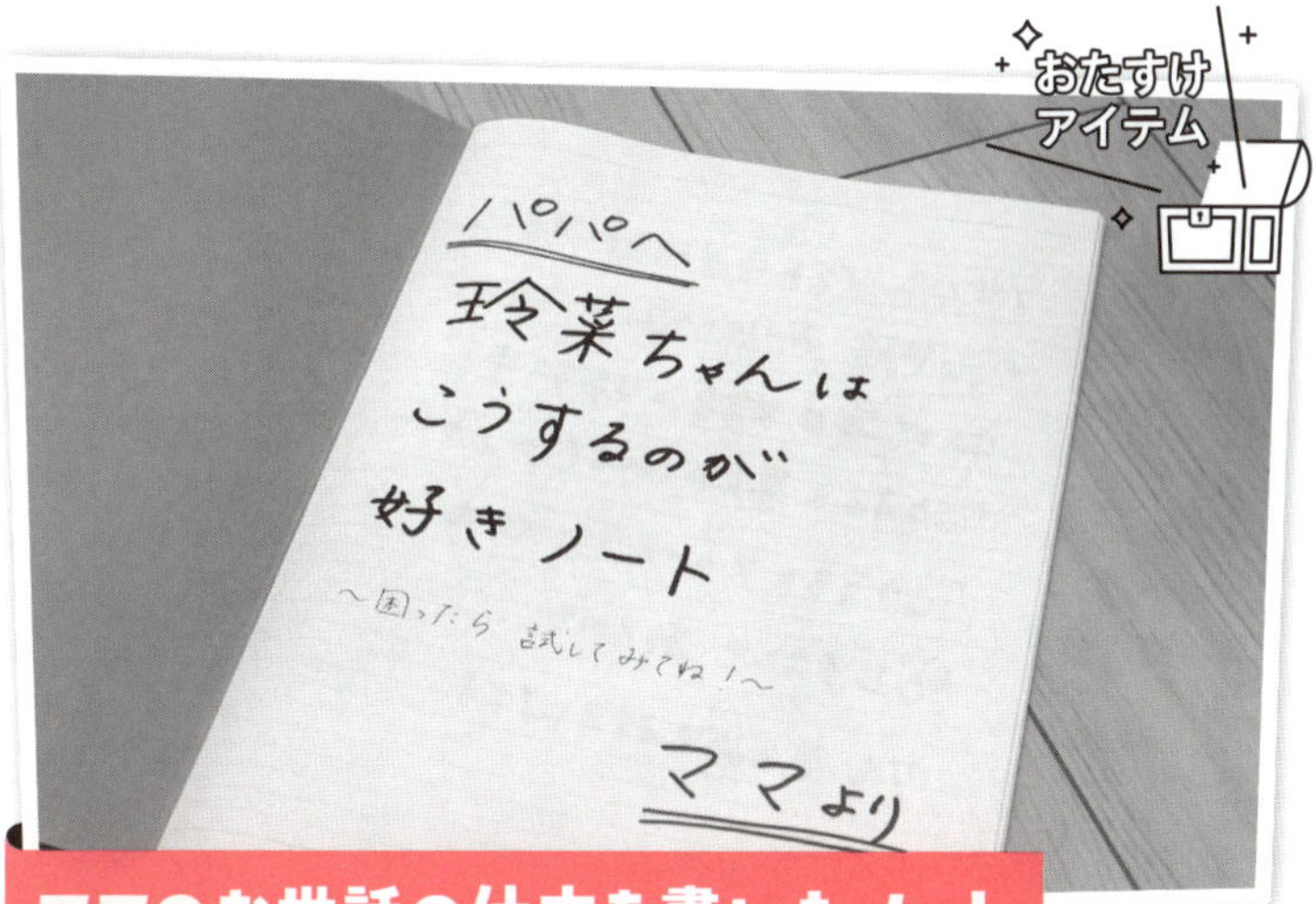

ママのお世話の仕方を書いたノート

「パパイヤ!」となりにくくなります。

特に、**トイレや生活の基盤になる部分は、どうしてもママのほうが安心感を抱ける**というお子さんも多いので、ノートを使うことによって**ママの安心感をパパにちょっと足すイメージ**で使っていただくといいと思います。お子さんの状況にもよりますが、「〇〇ちゃんはこうすると喜びますって、ママが言っているよ。一緒にやってみようか」という流れならうまくいくことがあるかもしれないので、ぜひ試してみてください。

POINT!

ママのお世話の仕方を書いたノートを一緒に見ることで子どもに安心してもらおう

case 2

歯みがきタイムになるとパパイヤが発動！ 全力でパパの仕上げみがきに抵抗する2歳の女の子

——2023年8月23日放送

番組に登場してくれたのは、5歳になるしっかり者のお姉ちゃんと明るく元気な2歳の妹。妹は普段から機嫌が悪くなると「パパとは遊ばない！」と、**泣きながらパパを拒否**してしまいます。お姉ちゃんが相手をして気を紛らわせてくれることもあるのですが、しばらくすると再び泣き出し、ママにべったり。特に、歯みがきは絶対にパパにやらせてくれません。

番組でパパとお姉ちゃん、妹の3人で過ごす様子をモニタリングしていると、妹が「イヤ！」とならないように、とても慎重に対応をしていたパパ。ところが、歯みがきタイムになるとやっぱり「パパイヤ」が発動してしまいました。

そこで用意したのが、**パパとお姉ちゃんの顔の写真を貼り付けたカード**。妹にカードを見てもらいながら「どっちに仕上げみがきを手伝ってもらいたい？」と尋ね、指さしで選んでもらいます。**お姉ちゃんを選んだ場合は、お姉ちゃんがメインでパパがサポート役**に回ることに。実際にお姉ちゃんを選択したので、パパがお姉ちゃんを手伝いながら仕上げみがきをすると、嫌

おたすけアイテム

顔写真付きのカード

がらずに完了することができました！

もちろん、カードを使わずに実際の顔でやってもいいのですが、**紙や写真をはさんだほうが、より「楽しいことを選んでいる」という実感がわきやすくなる**のでおすすめです。この方法は歯みがきだけでなく、トイレやお着替えなどさまざまな場面で使えますが、状況によっては「選びたくない！」「これいらない！」と突き返してくる場合もあるので、お子さんの様子を見ながら活用してみてくださいね。

POINT!

▼

お姉ちゃんを選んでもOK！ 顔付きカードを使って家族みんなで乗り越えよう

Mission
#17

遊びの要素を含むミッションで「見て見て」アピールに向き合おう

お子さんの「見て見て！」が止まらず、家事が進まなくて困っているときには、ミッションリスト＆スタンプカードを取り入れてみるのがおすすめです。

case

ごはんを作っているときも「見て見て！」が止まらないママのことが大好きな5歳の男の子

——２０２３年３月４日放送

家事をしているあいだに、お子さんに遊びの要素を含んだミッションに取り組んでもらい、できたらスタンプを押していく方法で、かまってほしい気持ちや達成感を満たしていくのはいかがでしょうか。ポイントは、食事の前であればお手伝いや手を洗うなど、**次の予定につながる課題を入れる**こと。そうすることで、その後の行動へスムーズにつながります。

ミッションの内容や数は、子どもの身体能力や集中力に合わせて設定するのがおすすめ。あ

おたすけアイテム

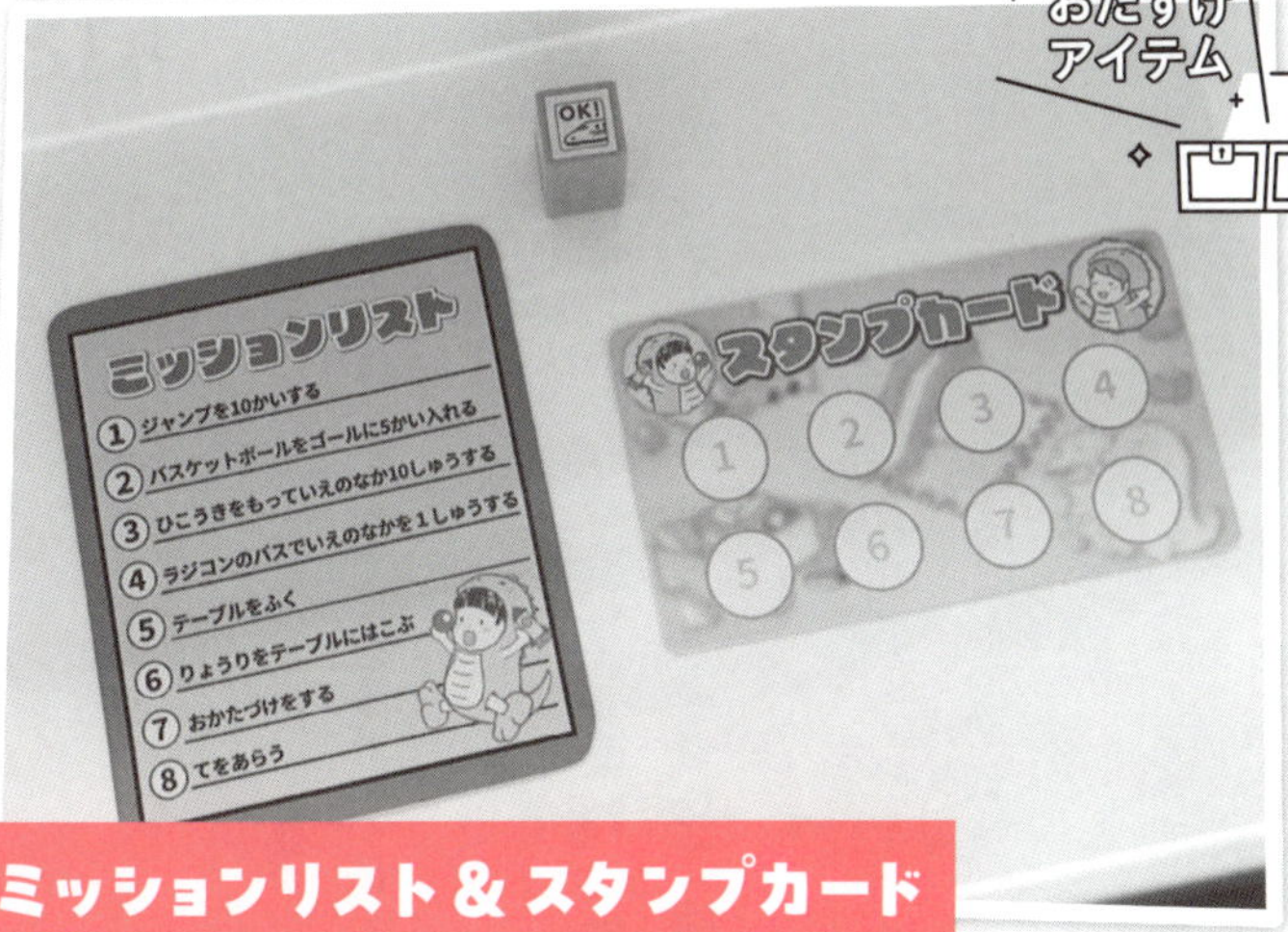

ミッションリスト＆スタンプカード

まり難しすぎるとやりたくなくなってしまうので、まずは「ジャンプ10回」など、お子さんができることや**クリアしやすいものから進めてみましょう。**

また、子どもだけにやってもらうのではうまくいかない場合は、**ママやパパに課すミッションも一緒に考えてやってみる**と、より効果がありそうです。ただし、あまり大人にとって都合のいいことばかりにするとミッションじたいを嫌いになってしまうので、10個のミッションであれば、やってほしいことは3個ほどにとどめてくださいね。

POINT!

家事をしているあいだにミッションに挑戦してもらいできたらスタンプで達成感！

Mission #18

要求が通らなくて泣いてしまう子どもの気持ちを落ち着かせよう

「○○がしたい」という要求が通らず、お子さんの機嫌が悪くなってしまった場合には、ほかに集中できる遊びを提案することで状況が改善する可能性も。

case

大好きなおしゃぶりを使わせてもらえず怒って泣き出してしまった2歳5カ月の女の子

——2024年5月14日放送

子どもは集中できるものがないときなどにおしゃぶりをほしがることがあるので、**ほかに集中できるものを準備する**ことで、気持ちが落ち着くかもしれません。

そんなときに活用していただきたいアイテムが、**「紙皿と洗濯バサミ」**です。お皿の周りに洗濯バサミを付けていくとお花やライオンのようにも見えるので、「何に見えるかな?」と声をかけながら、遊びに誘ってみてください。特に、**子どもは指先を使う遊びをすることで脳が集中**

紙皿＆洗濯バサミ

した状態になりやすいので、自然と意識がおしゃぶりから遊びへと向きやすくなるかと思います。

番組では、おしゃぶりを使わせてもらえず駄々をこねてしまったお子さんに紙皿と洗濯バサミを渡して取り組んでみてもらったところ、すっかり夢中に。パパがその場を離れてもしばらく一人で遊びに没頭する姿が見られ、おしゃぶりのこともすっかり忘れた様子。おかげでパパはそのあいだに洗濯を終えることができました！

POINT!

▼ **おしゃぶりのかわりに集中できるものを準備して気持ちを落ち着かせよう**

Mission
#19

子どもの感情に向き合おう

かんしゃくやわがままはかまってほしい気持ちやうまくいかない悔しさが原因であることも。アイテムを活用してお子さんに寄り添い、思いを聞き出してみましょう。

case 1

0歳8カ月の弟に嫉妬して赤ちゃん返り気味 すねたり物を投げたりして気を引こうとする2歳の女の子

――2022年7月13日放送

お兄ちゃん、お姉ちゃんが下の子に嫉妬している様子などがある際には、スキンシップを取ることがおすすめです。そのときに**鏡を使うと、自分がだっこされている様子やスキンシップをしている様子を、お子さん自身が自分の目で客観的に確認できる**ので、ママやパパからの愛情をさらに感じやすくなります。また、子どもの**精神的な安定につながるホルモンが分泌され、赤ちゃん返りの改善にもつながりやすい**んです。

姿見

番組では、パパが弟のおむつを替える様子を見たお姉ちゃんが、本を投げたり、「お着替えしよう」というパパの言葉を無視したりして、聞く耳を持たなくなってしまいました。そこでパパが、「今日は○○ちゃん（弟）をたくさんだっこしていたよね。○○ちゃん（姉）もだっこしよう」と話しかけながら**鏡の前でお姉ちゃん**をだっこ。**パパとスキンシップを取りながら「がんばったね」と優しく声をかけてもらえた**ことで、その後は機嫌よくお着替えをすませることができました。

POINT!

▼

鏡の前でスキンシップをしてママやパパの愛情を客観的に感じてもらおう

case 2

ゲームで負けそうになるとかんしゃくが爆発！気に入らないと途中で投げ出してしまう4歳の男の子

——2023年5月10日放送

番組では、パパとカルタで遊んでいた男の子が、パパにカードを取られてかんしゃくを起こしていました。そこで、**イライラした気持ちを落ち着かせるために、お子さんの感情を表現するための「感情ボード」を活用**。「うれしい」「楽しい」「悲しい」「怒っている」という4つの感情を表すイラストのマグネットの中から、今の気持ちに当てはまるものをお子さん自身に選んでもらい、自分の感情を表現できるようにしました。

パパが「今は悲しい気持ちかな？　怒っている気持ちかな？」と尋ねると、「怒っている」を選択し、「パパがカルタを終わらせないから」と説明してくれた男の子。パパはそれを聞いたうえで、**「そうか、怒っているんだね」とその気持ちに共感**します。さらに、「でも、パパは〇〇ちゃんが途中でやめると言って怒ってしまったから、悲しい気持ちだったよ」と、パパの心情も説明。お子さんに「途中で投げ出さずに最後までやり抜いてほしい」という思いを伝えたところ、素直に席に戻ってカルタを続けてくれました。

おたすけアイテム

感情ボード

このように、機嫌が悪くなってしまったお子さんや、かんしゃくを起こしがちなお子さんに対しては、**「今どのような気持ちなのか」を目に見える形で表現してもらう**のがおすすめです。それに対して、ママやパパは「悲しかったんだね」「うれしい気持ちだったんだね」など、お子さんのありのままの気持ちを認めるような言葉をかけてみましょう。**自分の気持ちと向き合い、その気持ちに共感してもらうことで、お子さん自身が気持ちを切り替えやすくなる**と思います。

POINT!

今どのような気持ちなのかを
目に見える形で表現してもらい
その気持ちに共感しよう

case 3

気に入らないことには「それじゃない！」と大泣き 思い通りにならないと怒ってしまう4歳の女の子

——2023年8月2日放送

かんしゃくを起こすお子さんの場合、感情を抑えられず、怒ったり叫んだりと、大人としては理解できないことも多いですよね。そんなときには、**相手の気持ちを理解する手助けをする**ことが状況を改善するためのポイントになります。

例えば、上手にお絵描きができる年齢であれば、**「スケッチブックとカラーペン」を使って、お子さんがどの部分で不満を持っているのかを可視化してみる**のもおすすめです。言葉だけでなく、絵や文字にする過程をはさむことで、**お子さんが「しっかり自分に向き合ってくれている」と感じやすくなる**ほか、**お互いの気持ちを理解しやすくなる**といった効果もあります。

番組では、子どものためを思っておやつを切り分けたパパに対して、お子さんの怒りが爆発！　そこで、お子さんはどうしてほしかったのか、パパはどうしてあげたかったのか、それぞれが絵に描いて伝え合うことにしました。まずは、お子さんが絵を描き「おやつをそのまま食べたかった」という思いを表現。次に、パパが「そうだったんだ。ごめんね」とその気持ちに共感します。

おたすけアイテム

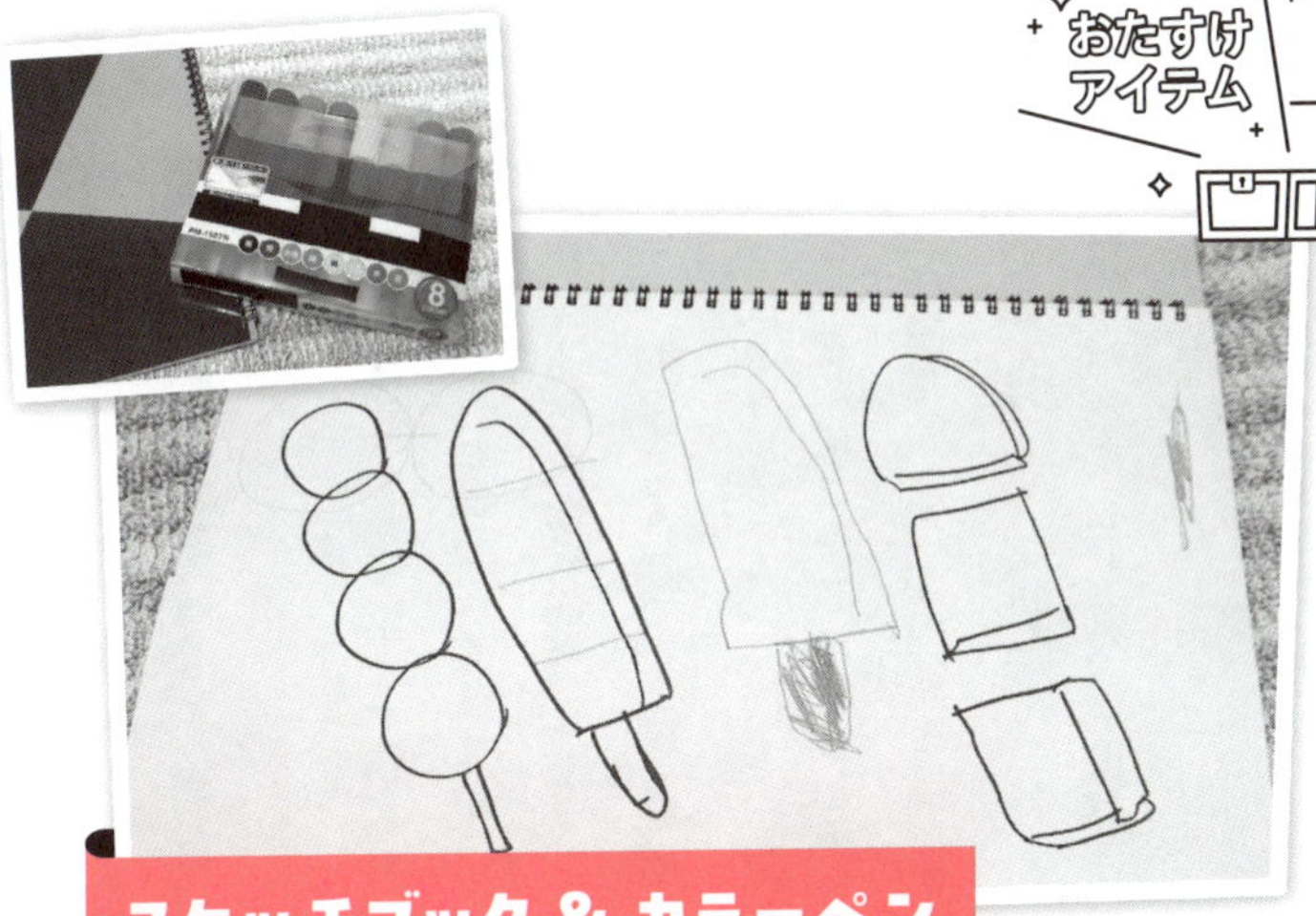

スケッチブック & カラーペン

最後にパパも絵を描き、「○○ちゃんのお口が小さいから危ないと思って切り分けたんだ」と理由を説明しました。

お絵描きを通して仲直りでき、無事かんしゃくも落ち着いたお子さん。さらに、「パパこれ食べていいよ」とおやつを切り分け、譲る姿も見られました。これは**「私はこうがいいけれど、パパはこのほうがうれしい」ということが理解できた**からこその行動。その後は二人で楽しくおやつを食べて過ごすことができました。

POINT!

絵に描いて表現することでお互いの気持ちを理解する手助けをしよう

case 4

思い通りに遊んでもらえずかんしゃくが爆発！部屋の隅にうずくまって号泣してしまった5歳の女の子

——2023年6月7日放送

かんしゃくを起こして泣いているお子さんに対して、つい「どうしたの」「ちゃんと言わないとわからないよ」といった言葉をかけてしまいがち。ですが、**まずはお子さんが自然としゃべりたいと思えるような雰囲気にする**ことが大切です。

とはいえ、お子さんがぐずっているときや、いじけてしまっている状態では、なかなか気持ちを聞き出すのが難しいですよね。そんなときにおすすめなのが、**「糸電話」を使う方法**です。まずは、お子さんにコショコショと声をかけ、「パパに何をしてほしかったのかこっそり教えて」「ママに何が嫌だったのか内緒で話してくれる？」というように、**糸電話を使ってお子さんの気持ちを聞き出してみて**ください。

番組では、パパによじ登って遊びたいという女の子に対して、パパが「洋服が破けちゃうからできないよ」と断ったところ、思い通りに遊ぶことができなかったイライラから女の子のかんしゃくが発動！　部屋の隅で泣き出してしまいました。一方のパパも、ツッコミ気質なこと

糸電話

もあって、なかなか子どもに共感できず、状況は悪化するばかり。そこで、糸電話を使いながら二人で話してもらうことにしました。

糸電話を通じて「どうして嫌だったのかをこっそり教えて」と聞かれると、**「パパが登らせてくれないから」と理由を説明することができた**お子さん。少し前まで大泣きで声をかけても応答すらしてくれませんでしたが、**パパとお話をすることでかんしゃくが落ち着き**、しだいに糸電話を使って遊び出すなど笑顔を取り戻してくれました。

POINT!

▼ **糸電話を使うことでしゃべりたいと思うような雰囲気を作り出そう**

case 5 子どもにうまく愛情を表現できないパパとパパの気持ちがわからない5歳の男の子
——2023年3月4日放送

パパの中には「父親は威厳を持って子どもと接するべき」という考えをお持ちの方も少なくないのではないでしょうか。番組にも、ご自身の中で「父親は怖いもの」というイメージがあることで、**息子さんとのコミュニケーションに悩んでいるパパ**がいらっしゃいました。

モニタリング中の様子を見ると、とても優しいパパでしたが、実は怒るととても怖くて、あまりの怖さに息子さんが泣いてしまうこともあるとのこと。お子さんがやるべきことをやらないと、つい強い口調になってしまうため、**パパ自身も「子どもを萎縮させてしまっているのではないか」と心配**していました。さらに、ママはお子さんに対して、「〇〇ちゃん大好きだよ」「かわいいね」とたくさん表現する一方で、パパはなかなかうまく愛情表現ができず、お子さんも「パパが自分のことを好きかわからない」とママにこぼすときがあるとのこと。そこで番組では、パパとお子さんが**お互いの気持ちを確かめるためにマイクを使ってインタビューごっこ**に挑戦。最初は好きな色や遊びに関する質問をしながら、徐々にパパの聞きたいことを深掘りし、

おたすけ
アイテム

マイク

お子さんの本音に迫ります。
お互いにママの好きなところなどを答え合い、しだいに打ち解けてきた二人。ついにパパが「パパのことは好きですか？」と尋ねると、お子さんからは「好き！」という回答が。「どのくらい好きか」という問いに対しても、一生懸命好きな気持ちを表現してくれました。パパも勇気を出して「パパも○○のことが大好きだよ」と、**普段は言えない愛情を表現**。インタビューごっこを通して、二人の距離が縮まった瞬間でした。

POINT!
▼
インタビューごっこを通して普段は知ることができないお互いの気持ちを確かめよう

case 6

自分でできることも「やってやって！」とせがむ甘えん坊 2歳の弟とすぐにケンカをしてしまう3歳の男の子

——2023年7月19日放送

普段はなかなか聞くことができないお子さんの思いを聞き出したいというときには、**質問ボックスを使って、インタビュー形式でお子さんと会話をしてみる**のもおすすめです。質問を書いたカードを箱に入れて、お子さんにくじ引き方式で取り出してもらい、ママやパパが読み上げる質問に答えてもらいましょう。

番組では、2歳の弟がいる3歳のお兄ちゃんの気持ちと向き合うため、パパに質問ボックスを使ってもらいました。最初に引いたカードに書かれていたのは、「どうしていつもママとパパに『これやって』『僕できない』と甘えてくるの？」という質問。自分でできるはずのことを「やって～！」と甘えてくるお兄ちゃんの様子が気になっていたママとパパは、この機会に本人に尋ねてみることにしました。すると、**「だって、パパと一緒にいたいから」と、ちゃんと自分の理由を話してくれた**お兄ちゃん。これにはモニタリングをしていたママも、「本人の口からちゃんと聞いたことはなかったのでウルッとしました」と、目を潤ませていました。

おたすけアイテム

箱&質問カード

そのほか、ママとパパにしてほしいことを尋ねると「おままごとをしてほしい」という回答が。最後にママが「ママにもっとしてほしいこと」を尋ねると「だっこしてほしい」と、**心の内を表現してくれました**。

質問ボックスがすっかり気に入った様子で、「もっとカードを一緒に作ろう!」と意欲を見せてくれたお兄ちゃん。その後もお手製のカードを追加しながら、日々のコミュニケーションに役立てているそうです。

POINT!

▼ **質問ボックスを使って普段は聞けない思いを聞き出してみよう**

column
3

かんしゃくを起こしているときに「どうしたいの？」はNG！余計に悪化する可能性があります

かんしゃくを起こしているお子さんに対して、つい「どうしたいの？」といった声をかけてしまいがちですが、こういった声がけは基本的に避けて。そもそもお子さんは、自分がどうすればいいかわからないからかんしゃくを起こしているのであって、「どうしたいか」がわかっていれば自分で行動ができますし、気持ちの整理もつけられますよね。そんな状態のときに、信頼している大人から理由を問い詰められると、余計にかんしゃくが悪化してしまいます。そのため、「どうしたいの？」「ちゃんと言いなさい！」という言葉ではなく、「こうしたいのかな？」と、Yes か Noで答えられる質問に変えてみましょう。

第4章

きょうだいゲンカの悩みのおたすけアイテム

さっきまで仲良く遊んでいたのに、気づけば大ゲンカ！毎日のきょうだいゲンカに頭を悩ませている親御さんも多いと思います。この章ではきょうだいゲンカが勃発したときにぜひ試してほしいアイテムをご紹介します。

Mission
#20

叱られてすねたり泣いたりしてしまった上の子を元気づけて笑顔を取り戻そう！

〝お兄ちゃん／お姉ちゃんだから〟という理由で叱られ、自信を失ってしまった上のお子さんたちには、自己肯定感がアップするような方法を試してみましょう。

case 1

自分の思い通りにならず弟に八つ当たりしてしまうおしゃれが大好きな3歳の女の子

――2022年2月28日放送

今回登場したのは、外出先でも鏡があれば大人顔負けのファッションチェックをする、おしゃれ大好きな3歳の女の子。モニタリング中、**自分の思い通りにならずにイライラが募り、弟に八つ当たり**したり、弟を叩いたりしてしまう場面がありました。そこで、**「パパはお姉ちゃんのことも大好きだし、遊びたいと思っているよ」という気持ちを伝える**ため、**「インスタントカメラ」**を準備。おしゃれ好きのお姉ちゃんと一緒に、どんな洋服を着て、どんなポーズをして

インスタントカメラ

写真を撮るか決めながらファッションショーをしてみよう……というはずが、お姉ちゃんが「私が撮りたい！」と急きょカメラマン役に！　パパや弟をモデルにして撮ったり、家中の場所を写真に収めたりと大興奮。途中カメラを落としてしまい、「ごめんね」とカメラに謝る場面も。さっきまで弟に対して「ごめんね」という言葉が出なかったお姉ちゃんですが、楽しい気持ちで満たされていたからか、**自然に「ごめんね」が出てくるように**なっていました。**自分が満たされることで周りに優しくできるようになるのは、子どもも同じ**。上の子が満たされる方法を考えてみてください。

POINT!

上の子も大好きで、一緒に遊びたいと思っているという親御さんの気持ちを伝えましょう

case 2

弟がきっかけで始まったケンカなのに自分が怒られ泣いてすねてしまった5歳の女の子――2021年8月9日放送

下の子がきっかけで始まったケンカでも、思わず**「お兄ちゃん／お姉ちゃんだから」という理由で上の子を叱ってしまったり**、下の子を上の子と同じように叱れなかったりする親御さんも少なくないと思います。

今回のモニタリングでは、弟がブロックを投げたことがきっかけできょうだいゲンカが勃発。お姉ちゃんである5歳の女の子が投げ返したタイミングでパパは女の子だけを叱り、**叱られた女の子は泣きながら寝室に向かって、すっかり落ち込んでいました**。

そこで登場したアイテムが**「ふせん」**です。お子さんの自己肯定感を上げる方法として、お子さんのよいところをふせんに書いて貼るというのは効果的なのです。**子どもは成長するにつれて〝できて当たり前〟と思われることが増えていき、その結果、ほめられることよりも叱られることのほうが多くなります**。子どものよいところをふせんに書いて貼ることで、お子さん自身が自分のよいところに改めて気づくことができ、**自己肯定感の維持や向上につながりやすくな**

おたすけアイテム

ふせん

ります。また、上の子の素敵なところを認めると、自然に「自分はお兄ちゃん／お姉ちゃんで、下の子よりできることがたくさんあるんだ」という気持ちになれます。

　最初は「私にいいところはない。弟に優しくできないから」と自信を失っていた女の子も、パパが「いっぱいあるよ。絵が上手。お手伝いをしてくれる。お片づけが上手」など、**よいところを具体的に書き、たくさんボードに貼ってお話しながら伝えていくと、元気を取り戻し**、再びパパの元に来てくれました。その後もずっとうれしそうにふせんを眺めていたお姉ちゃんでした。

POINT!

子どものよいところを書いたふせんをボードなどに貼り見えるところに置くことで自己肯定感アップ！

Mission
#21

きょうだいゲンカを上手におさめよう

普段は仲良しのきょうだいでも、ささいなことが原因で大ゲンカに発展……。そんなときはお互いの感情や、楽しいときの表情を視覚化するのがおすすめです！

case 1

いつもは仲良く遊んでいるのにちょっとしたことでケンカになってしまう5歳と3歳の男の子 ──2023年4月19日放送

お子さんたちがケンカをしたときにおすすめなのが、**笑顔の写真や思い出の写真を一緒に見ることです。自分の笑顔を見ると幸福度が上がり、気持ちが落ち着きやすくなる効果が心理学的にも立証されている**のです。

今回は、「一緒にドッジボールしよう」とお兄ちゃんが弟を誘ったのですが、なかなか思い通りにならず、ケンカに発展。普段、**ケンカをしていないときは仲良く遊んでいる**点に着目し、

おたすけアイテム

きょうだいの思い出の写真

二人が幸せそうに過ごしている写真を、パパと一緒に3人で見ながら話してもらうことにしました。「これどこに行ったキャンプだろうね？」（パパ）、「これは何を食べてる？」（パパ）、「チョコじゃん！」（お兄ちゃん）、「ママが作ってくれたね」（パパ）、「うれしかった！」（弟）、「またみんなで行きたいよね」（パパ）、「うん!!」（お兄ちゃん＆弟）などと話すことで、**二人とも気持ちが落ち着いてきた**様子。最後は〝ギュッギュッ〟のハグで仲直りできました。ちなみに、**笑顔の写真や思い出の写真を使う方法は大人でも効果があります**ので、ぜひ試してみてください。

POINT!

大人にも効果抜群。自分の幸せそうな表情を見ることで幸福度が上がり、気持ちが落ち着く傾向に！

case 2

多いときには10分に1回ケンカが起こる!? 同じものが好きな4歳と2歳の男の子 ―― 2022年4月6日放送

一度ケンカが始まると、上の子と下の子で折り合いをつけることができず、ケンカが長引いてしまうこともありますよね。そんなときにおすすめなのが、**「感情カード（喜怒哀楽の表情が描かれたカード＝人の気持ちが目に見えるカード）」**です。なかなかケンカがおさまらないのは、もしかしたら上の子も下の子も**お互いがどんな気持ちなのか整理できていない**からなのかもしれません。なので、ケンカしたときは、親御さんが間に入って、「○○ちゃんはこんな気持ちだよね」「あのとき○○ちゃんはこんな気持ちだったんだね」と、**カードを見てもらいながらお互いの感情をお話しする**と、仲直りにつながりやすくなるかもしれません。

今回登場したのは、4歳の男の子と2歳の男の子。二人でホワイトボードにお絵描きをしていたところ、お兄ちゃんが弟にペンでちょっかいを出したことがきっかけでケンカに。パパがお互いの気持ちを聞いてみると、**弟は描いているのを邪魔されて「エーン」の気持ち**、一方**お兄ちゃんは、面白半分で弟にちょっかいを出して「ニコニコ」の気持ち**だったことが判明。お兄ちゃ

感情カード

んは怒っていたのではなく楽しかったのです。それを聞いたパパが「弟は悲しかったんだって」と話すと、**お兄ちゃんから「ごめんね」の言葉が出て仲直り**できました。

子どもは感情表現が得意ではないですし、そもそも**自分が抱えている感情がどんなものなのかを整理することも難しい**のです。イラストやカードを使って、**今自分がどんな感情なのか、相手はどんな感情なのかを目できちんと認識する**ことによって、お互いの感情を理解しやすくなります。

POINT!

▼ **お互いの感情を目で認識し相手の感情を理解できるように促してみよう**

case 3

同じお皿を使いたくてケンカになってしまった5歳と3歳の男の子 ―― 2023年4月19日放送

P.104では**お互いの感情を目で認識し、相手の感情を理解できるように促すことが大切**だとお伝えしましたが、そのもうひとつのやり方として、「スケッチブック&ペン」を使った方法もおすすめです。きょうだいゲンカの収拾がつかないときは、**上の子と下の子の気持ちをそれぞれスケッチブックに文字やイラストでかき出し、「僕はこう思っている」ということをお互いに目で見てわかるようにしてみて**ください。

　番組では5歳の男の子と3歳の男の子の兄弟が、ごはんを食べるお皿の取り合い（黄色のお皿か青色のお皿か）でケンカを始めました。お互いに「黄色いお皿を使いたい！」と譲らず、弟が泣き出してしまったのです。パパはお兄ちゃんに「貸してあげない？」と聞くも、首を横に振ります。そこで、スケッチブックに二人の気持ちを書き出したところ、「黄色が好き。青色も好き」とまったく同じ答えに！　困ったパパが「今日だけ特別にママとパパが使っている〝おとな皿〟で食べてみるのはどう？」と提案すると、その提案を受け入れたお兄ちゃんが**黄色いお皿を弟に**

おたすけアイテム

▼書き方例

▲悲しい怪獣

スケッチブック＆ペン

※書き方例は番組の内容を基に編集部で再作成したものを撮影

譲ってくれました。でも「黄色いお皿を使いたかった」と悲しそうなお兄ちゃん。これでは**お兄ちゃんが我慢したまま終わってしまう**ということで、**お兄ちゃんの悲しい気持ちを絵で表現してみる**ことに。子どもたちの悲しい気持ちが詰まった〝悲しい怪獣〟をパパが描き、兄弟が一緒にペンでグチャグチャにしたり、ビリビリに破いたりして、その怪獣をやっつけていきます。最後はごみ箱に捨ててフィニッシュ！　気づけばお兄ちゃんも笑顔になっていました。**言葉だけではなく、目に見える形で書き出すことで、気持ちの整理につながります**。大人の方にもおすすめです。

POINT!

譲ってくれたお子さんの悲しい気持ちに最後まで寄り添い
その気持ちがスッキリするようにお手伝いしよう

case 4

お兄ちゃんと決めた動画の順番をなかなか守れない4歳の女の子

——2024年6月4日放送

おもちゃなど〝物の取り合い〟できょうだいゲンカになってしまうことは日常茶飯事だと思います。今回登場した4歳の女の子も、お兄ちゃんと15分ずつ、順番で動画を見る約束をしたのに、なかなか守れず、ケンカになってしまいました。

そんなときは、**今誰が使っているのかをわかりやすくすること**をおすすめします。今回は**「順番ボードとおもちゃの時計」**を用意。順番ボードにお子さんの顔写真を貼ってお子さんごとのスペースを作り、それぞれのスペースに、使っているおもちゃのカードを貼るようにしていきます。そうすることで、**「誰が」「何を使っているか」が目で見てわかりやすくなるので、納得して順番を待てるようになったり、いきなり奪うことが減りやすくなったりします**。さらに、おもちゃの時計を使って「時計の針がここに来たら交代ね」と伝えると、本物の時計と見比べることができるので、時間でのおもちゃの貸し借りや交代がスムーズにできるようになるのです。

時間を設定する際、親御さんが〝この時間〟と勝手に決めてしまうと、お子さんにとっては「一

おたすけアイテム

順番ボード＆おもちゃの時計

方的に決められた」と感じる場合があります。**自分で決めた約束でないと守りにくくなる**ことがあるので、**〝ここの時間まで〟というのをお子さん自身におもちゃの時計で設定してもらうようにするのがいいでしょう**。また、ボードに貼るときのポイントは、譲る側のお子さんが自分で、次の順番のお子さんのスペースにカードを貼ることです。そうすることで、**「自分で譲った」という実感がわきやすくなり**、次からもスムーズに交代ができるようになります。

POINT!

▼

「誰が何を使っているか」を視覚化することで納得しやすく順番を待てるようになります

case 5

弟に叩かれたお兄ちゃんはやり返してしまうのか……⁉ 毎日ケンカが絶えない3歳と2歳の男の子

——2023年7月19日放送

きょうだいゲンカでは、先に手を出されたほうがついついやり返してしまい、それがヒートアップして叩き合いのケンカになってしまうこともありますよね。そんな状況を少しでも避けられるかもしれないアイテムが、**「おたすけ札」**です。**「困ったときはこの札をあげてママ／パパを呼んでね」とお子さんに渡してみて**ください。

番組では、3歳の男の子と2歳の男の子が、お昼寝の場所やタオルケットの取り合いでケンカになりそうな状況に。しかし、先に弟に叩かれたお兄ちゃんは**やり返したい気持ちをグッとこらえて、この札をあげてパパに助けを求めました**。パパは**「ちゃんとパパを呼べてえらかったね」とほめたうえで、「○○されて嫌だったんだね」とお兄ちゃんの気持ちに共感**。するとお兄ちゃんの気持ちも落ち着き、弟もお兄ちゃんに「ごめんね」と謝ることができたのです。お兄ちゃんにとっては、このおたすけ札が**「何かあってもパパに思いを伝えられる」という安心感**になり、それが**心の余裕につながってやり返さずにすんだ**ことで、ケンカが起きなかったのだと思います。

おたすけアイテム

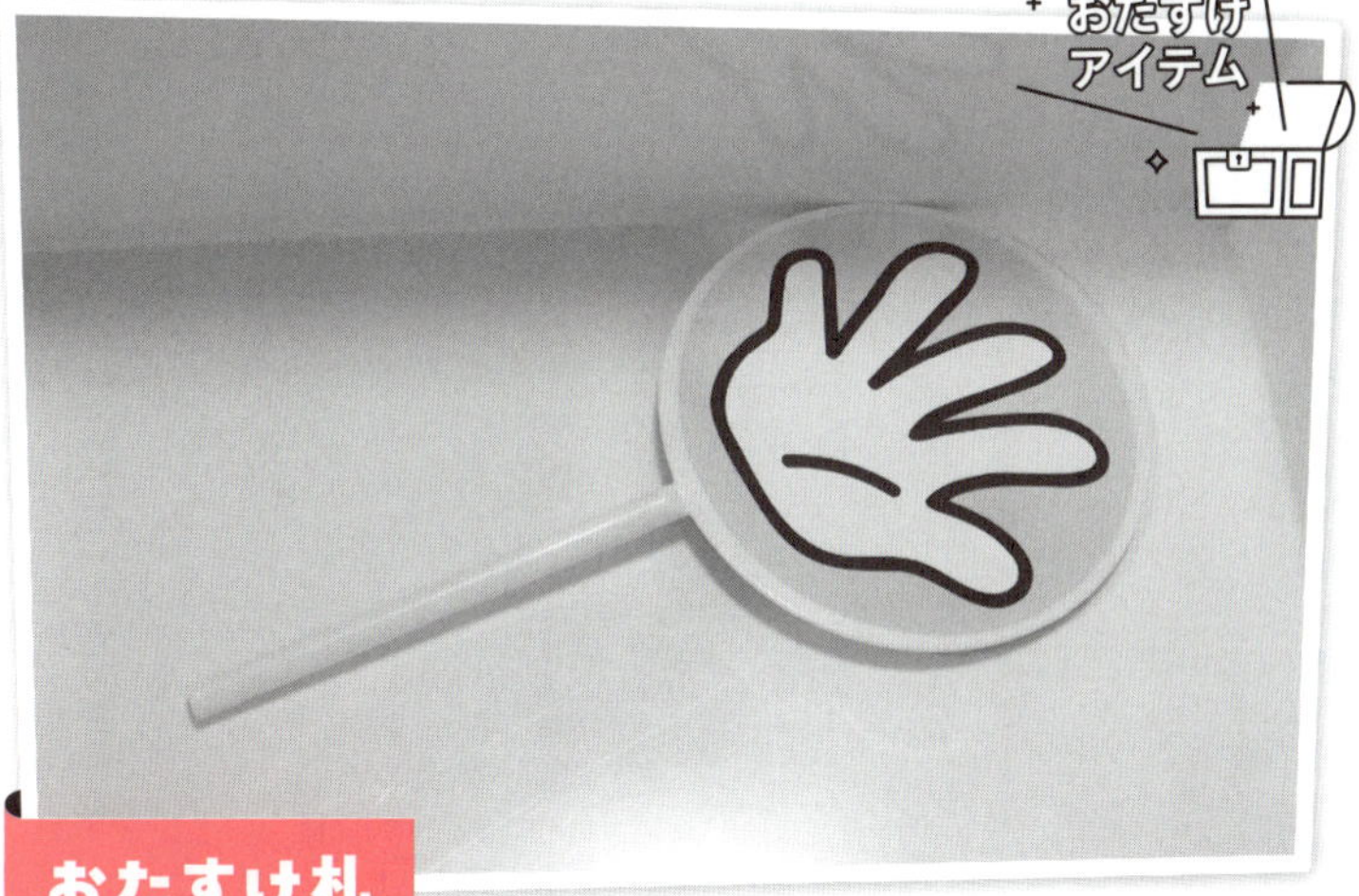

おたすけ札

きょうだいゲンカが起こったときは、まず**上の子の主張をしっかりと聞いて、共感することも大切**です。「お兄ちゃん／お姉ちゃんだから」という理由だけで叱ってしまうと、子どもの自己肯定感が下がる原因にもなりますし、余計に弟／妹のことも嫌になってケンカが増えてしまいます。**自分の主張をしっかりと聞いてもらえるという安心感があると、自然と人の話も聞けるようになります**ので、お兄ちゃん／お姉ちゃんの話に最後まで耳を傾けてみてください。

POINT!

▼ **お子さんが〝たすけてのサイン〟を出せる環境を作ることでケンカが減るかもしれません**

case 6

0歳8カ月の弟に嫉妬して いじわるをすることが増えてきた2歳の女の子 ——2022年7月13日放送

年の近いきょうだいの場合は特に、上の子が下の子に嫉妬して赤ちゃん返りをしたり、下の子にちょっかいを出していじわるをしたりしてしまうことがあると思います。

番組では、**大好きなママパパを取られたくないという思いから、弟にいじわるをすることが増えてきた**2歳の女の子が登場しました。**2歳というと、まだまだ甘えたいお年頃**。モニタリング中も、パパがお皿を洗っている間、うろうろして、「自分のことを見てほしい、かまってほしい」という姿が見られました。

そんなときに活躍するアイテムが**「筒とペン」**です。**筒を望遠鏡のようにして、「○○ちゃんのことを今見ているよ〜」とアピール**してみてください。そうすることで、**「ちゃんと見てくれている」「かまってくれている」と安心して、満足しやすく**なります。きょうだいで仲良く遊んでほしいときには、**「仲良く遊んでるね！ちゃんと見てるよ」と言ってみると、よりポジティブな気持ちが生まれやすく**なります。筒はそのままでもいいですが、お子さんと一緒に筒にペン

筒＆ペン

で絵を描いたり、色付けをしたりすれば、**上の子を見る専用の望遠鏡として特別感がアップ**します。モニタリングでもパパがこの方法を試してみたところ、女の子から「かまってほしい」という姿は見られなくなり、安心して遊びに夢中になっていました。また、このアイテムは**自然と「見てるよ〜」とお子さんに声がけをするきっかけになる**ので、声がけが苦手なママパパにとってもおすすめです。筒がない場合でも、手で望遠鏡の形をつくって目に当てるだけで、同じような効果になります。

POINT!

「かまってほしい」の気持ちには〝ちゃんと見ているよ〟と伝えて安心してもらいましょう！

column 4

わがままになりがちな上の子に向き合う方法でおすすめなのは“子どもに教わる”時間を作ること

下の子に手がかかってしまい、ママパパが下の子と関わる時間が増えることで、自然と上の子は「下の子ばかり愛されている」と感じて不安定になることがあります。そこでおすすめなのが、親御さんが子どもに教わる時間を作ることです。例えば図鑑を見ながらママパパが知らないふりをして、「この電車はなんていう名前なの？」と聞くと、下の子よりも知識が豊富なお兄ちゃんお姉ちゃんは、はりきって教えてくれます。「そうなんだ！ とっても詳しいね。じゃあこれは!?」と続けていくことで、自然と上の子と関わる時間になりますし、ほめてもらうことで自信にもつながります。

第5章

遊びの悩みのおたすけアイテム

「おうち遊びは何をしたらいいの？」「子どもと一緒に遊んでも盛り上がらない」。この章では“遊び”に関するお悩みを解消し、今よりもっとお子さんと楽しい時間を過ごせるようになるアイテムをご紹介します！

Mission
#22 子どもと一緒に盛り上がれる遊びのバリエーションを増やそう！

「子どもと遊ぶのが苦手」という方がいますが、実は〝苦手〟なのではなく、ただ遊びの引き出しが少ないだけかも。そんな方はここで登場する遊びをぜひやってみて！

case 1

慎重派で臆病な姉と、活発で元気いっぱいの妹！ 性格が真逆な1歳9カ月の双子の女の子

——2023年7月5日放送

日々子どもたちと過ごす中で、遊びのバリエーションがなくなり、「どんなお部屋遊びをしたら喜んでくれるだろう」というお悩みをお持ちの親御さんもいらっしゃるのではないでしょうか。そんなときにおすすめなのが、**「古新聞」を使った遊び**です。実は古新聞はおうち遊びにはうってつけのアイテムなんです。やり方は簡単。お子さんと一緒に古新聞をビリビリッと破いて楽しむ遊びで、保育園の室内遊びでも定番中の定番です。古新聞で顔を隠し、「いないい

おたすけアイテム

古新聞

ない……」「ばあ！」のタイミングで古新聞を勢いよく破ってみるのも面白いかもしれません。**破り終わったあとは、お子さんと一緒にご自宅にあるポリ袋などの袋に入れ、お片づけ**をしましょう（※袋を使って遊ぶときはお子さんから目を離さないように注意しましょう）。

番組では1歳9カ月の双子の姉妹が登場。パパがお手本を見せると、すぐにマネをして楽しそうにビリビリ破っていました。特に雨の日はお部屋の中で過ごしているとモヤモヤが募ることもあると思います。そんなときは、**破ることで気持ちがスッキリする**この遊びをぜひ試してみてください。

古新聞でなくてもチラシやコピー用紙などでも大丈夫です。

POINT!

▼

モヤモヤ気分も〝古新聞ビリビリ作戦〟で気持ちスッキリ！

case 2

モニタリング中、部屋中のカメラを触って遊び始めてしまった1歳9カ月の双子の女の子 ——2023年7月5日放送

触ってほしくないものや、入ってほしくない場所があるとき、そこに意識が向かないよう、お子さんが夢中になってくれるような楽しい遊びがあるとうれしいですよね。

そんなとき、**マスキングテープを使った遊び**をやってみてはどうでしょうか。フローリングに道を作るようにマスキングテープを貼り、「道の上を歩いてみよう」とお子さんを誘ってみてください。ポイントは、ただ走ったり歩いたりするのではなくて、「コースを一緒に手をつないで歩こう」など、**ルールを決めるということ**です。そうすることで、**遊びの中でルールも学ぶことができます**。ほかにも、入ってほしくない場所があるときは、あらかじめその場所にテープを貼り、「テープが貼ってあるところは入らないよ」と伝えるようにしてみましょう。触ってほしくないものがあるときも同様です。お子さんが触ったあとに「触らないで」と言うよりも、触ってほしくないものにあらかじめ赤いシールなどを貼り、「赤いシールが貼ってあるものは触らないでね」と伝えることで、お子さんは**〝赤いシールが貼ってあるもの＝触らない〟と認識しや**

おたすけアイテム

マスキングテープ

すくなります。

P．116で登場した1歳9カ月の双子の姉妹。実はモニタリング中、部屋中のカメラを触ってしまう場面があったのですが、「カメラよりも楽しいものがあれば、触らなくなるかもしれない」と、この遊びを実践しました。パパがマスキングテープで線路を作り始めたときから双子の女の子は興味津々。最後はパパと手をつないで上手に線路の上を歩くことができました。叱ってどうにかするよりも、親子ともに笑顔になれますね。

POINT!

遊びの中にルールを取り入れることでルールも楽しく学べます

case 3

パパがお世話をすると泣き叫ぶ！“ママにやってほしい”モード全開の3歳の女の子と1歳の男の子——2023年5月17日放送

お子さんと楽しく遊びたい気持ちはあるけど、遊び方や関わり方がわからず、一緒に遊んでもどうも盛り上がらない……。そんなお悩みをお持ちのママパパには、**イラストが描かれたステッカーを使った「イラストタッチゲーム」**がおすすめです。お花や動物、自転車など、お子さんが好きなイラストのステッカーを用意し、半分はお子さんの手が届く高さへ貼り、残りの半分はお子さん一人では手の届かないところに、ランダムに貼ってみてください。**イラストを壁に貼るところからお子さんと一緒にやってみるのもいいかもしれません。**そして、親御さんが「お花！」と言ったら、お子さんと一緒にお花のイラストをタッチしに行きます。高くて手の届かないところはママパパがだっこしてイラストにタッチできるようにするのがポイントです。そうすることで**自然とスキンシップが取れ、お子さんはママパパと一緒に遊ぶのが楽しいと思ってくれる**でしょう。

番組では、子どもは大好きだけど、子どもとのコミュニケーションが苦手で「何をしゃべっ

おたすけアイテム

イラストステッカー

ていいかわからない」と悩んでいるパパが登場。このゲームをするまでは、なんとなく手持ち無沙汰でバラバラに過ごしていたパパとお子さんたち。しかし、ゲームを通してパパを中心に3人で遊ぶようになり、お子さんたちはもちろん、パパからも**本気の笑いが飛び出していました**。室内遊びの新たな引き出しのひとつに、このイラストタッチゲームをぜひ取り入れてみてください。自分の手の届かないところへタッチさせてくれるママパパのことを頼もしく思ってくれますよ。

POINT!

スキンシップを取りながら楽しい時間を過ごしたいときはイラストタッチゲームがおすすめ

case 4

おままごとが大好きな2歳1カ月の女の子だけどパパはおままごと遊びが苦手な様子

――2022年9月21日放送

〝おままごと遊び〟や〝ごっこ遊び〟と一言でいっても、実際にお子さんと一緒にやろうとすると、「具体的に何をすればいいんだろう」「このシチュエーションをどう展開していけばいいのかわからない」と苦戦する親御さんもいらっしゃると思います。今回出演したパパにも「(2歳1カ月の)子どもと一緒におままごとをしても、何をしていいかわからない」というお悩みがありました。そこで登場したアイテムが、**なりきりコスチュームセット**。これまでのアイテムは、お子さんに使ってもらうものが多かったのですが、今回は**おままごとでパパに明確な役割ができるよう、大人用の和帽子とエプロン、ねじりはち巻きを準備**しました。

まずは、ねじりはち巻きとエプロンをしてお寿司屋さんに変身。江戸前のお寿司屋さんになりきり、握るマネをしながら「お客さん、エビはどうだい!?」「へい、マグロ!」「イクラ!」「レモンでお口直しして~」とテンポよく遊びをリード。さらにノッてきたパパは自らモードチェンジし、和帽子をかぶってスーパーの店員さんに変身。お子さんもニコニコで楽しんでいました。

なりきりコスチュームセット
（大人用の和帽子・エプロン・ねじりはち巻き）

モニタリングしていたママも「こんなに話しながらおままごとをするのは初めてです」と驚きを隠せない様子。**具体的な職業になりきる**ことで、セリフがどんどん出てくるようになったのかもしれません。

ちょうど2歳ぐらいのお子さんの場合、お店屋さんごっこが楽しめる時期でもあるので、パパが見本となってお店屋さんごっこをすると、お子さんもマネをすることができますし、お会計をしてみたり、買い物袋を使って本格的にお買い物をしてみたりと、**ごっこ遊びをどんどん発展させていくことができます**。

POINT!

おままごとで遊ぶときは具体的なキャラクター設定でより遊びの世界観を広げよう

case 5

家具を破壊する息子にママパパもお手上げ！ 大人を押し倒してしまうほどのパワーを持つ4歳の男の子

——2024年4月2日放送

お子さんが家の中で走り回ったり、飛び跳ねたりと、わんぱくすぎて困ってしまうことがありますよね。そんなときは、**どうやってやめさせるかではなく、どうやって体を使いたい気持ちを叶えられるか**を考えてみてください。「この遊び方ならいいよ」と提案することで、**お子さんの体を動かしたいという気持ちを満たす**ことができます。さらに、ルールや目標を設定すれば、お子さんが自分からルールを守ることを意識したりしますし、目標を達成する意欲も出てきやすくなります。

今回は、普段から階段の手すりに登ったり、ソファでジャンプをしたりと、家の中で暴れ回る4歳の男の子のパパが登場。お子さんの「アスレチックで遊びたい！」という要望を叶えるために、**ペットボトル、紙とペン、テープ、シールで、安全な〝おうちアスレチック〟**を作ります。

まず、シールを壁に貼り、ジャンプをして届くか挑戦！　次に、紙に手と足の絵を描いて、テープで床に貼り、「足のマークのところは足を乗せて通ろう」「ここを通るときは手をついて通っ

おたすけアイテム

ペットボトル＆紙とペン＆テープ＆シール

てね」とルールを決めて、その通りに動いてもらいましょう。最後に、水の入ったペットボトルを使って、「ペットボトルを持って10回ジャンプしよう」と目標を決めてチャレンジしたり、「誰が一番長くジャンプできるか⁉」と競争したりしてみるのもおすすめです。

体を動かせる環境をきちんと作ることによって、危険な行動ややってほしくない行動が減っていき、かわりに**ルールを守りながら楽しく遊ぶ姿が増えていく**と思います。

POINT!

▼

危ない行動をやめさせるよりも体を動かしたい気持ちを満たす方法を考えよう

column 5

知っておくと役に立つ！遊びや勉強でおすすめしたい黄金比率＝6:4の考え方

お子さんと遊ぶ中で、親御さんの負けず嫌いが発揮され、お子さんを勝たせなかったり、反対に簡単に負けすぎてお子さんがすぐに飽きてしまったり、という経験をしたことがある方もいらっしゃると思います。そんなときにおすすめしたいのが、黄金比率＝6：4という考え方です。遊びであれば子どもが勝てるようなルールから始めていく、勉強であれば簡単な問題から始めることによって、その遊びや勉強に対し、お子さんが集中できるようになります。

そこから徐々に難しくしていき、遊びだとお子さんが勝つ：負ける＝6:4、勉強だと簡単に解ける問題：難しい問題＝6:4の比率にすることで、お子さんの意欲はどんどん向上していきます。

番外編

てぃ先生のいくコツ！

ここまで数々のお悩みに対する解決案をアイテムと一緒にご紹介してきましたが、ここでは、前章までに入りきらなかった“子どもと関わるときのコツ”についてご紹介します。てぃ先生が長年、保育士として培ってきた“いくコツ”をぜひ試してみてください！

theme

寝かしつけ

スムーズに寝かしつけをする方法は？

保育園のお昼寝の時間、自分でお布団に入って寝られる子もいれば、なかなか寝つけない子もいます。さまざまな子どもがいる中、僕が普段から使っている技があります。それは、まずゆっくりと体をさすり、続けて頭や額のあたりをなでる方法。優しくなでるだけでOKです。寝かしつけようとする大人の焦りがお子さんに伝わってしまうと、お子さんはより寝づらくなってしまうので、速いリズムでトントンするよりも、むしろゆったりとしたリズムでお子さんの体をさすってみたり、頭をなでてみたりしてください。寝かしつけの中で安心できる行動を行うと、子どもは眠りやすくなります。なでるときは、耳のそばや眉間を上から下へなでるのがポイント。「寝なくてもいい」くらいの余裕が最大のコツです。

POINT!

1. 焦らずゆったりしたリズムで**体や頭をなでる**
2. **耳の近くや眉間**を触ると眠りやすくなる

theme

起こし方

機嫌よく起きてもらうテクニックは？

最初は声をかけずに優しく頭や体をさすり、子どもが目覚めたところで、「おはよう」「いっぱい寝た？」などと優しく声をかけてみてください。いきなり声や音によって起こしてしまうと、“安心”とはかけ離れた“驚き”によって目覚めてしまい、不機嫌になりやすいので、まずはスキンシップを取るのがおすすめ。スキンシップは精神の安定や幸福感をもたらすオキシトシン※が分泌されやすい行動でもありますので、添い寝をしながら起こしたり、お子さんの頭を優しくなでることによって効果を実感しやすくなると思います。そのあとに、「おやつ食べる？」や「〇〇して遊ぶ？」など、楽しいことがイメージできる言葉がけをすると、機嫌よく起きてくれやすくなります。

※オキシトシンとは親と子の愛情にも関係しているホルモンです。

POINT!

1. 最初は声をかけずに、**スキンシップを取る**
2. 目覚めたところで**楽しくなる声がけ**を！

theme

自主性

“進んでできる”を伸ばすコツは？

子どもがなかなか自分から進んで行動してくれないとき、僕は子どもがやっていることを言葉にする“実況中継”を実践しています。「さあ、〇〇ちゃん。カバンを開けました。タオルはどこにしまうのか！」と、見たままを口にするだけでどんどん自分から行動できるようになります。実況中継はやるべきことを明確化できますし、親御さんが見てくれていることも伝わりやすいです。朝の着替えも、「早く着替えなさい！」より、「ママは今シャツを着ているよ。〇〇ちゃんは何を着ているところかな？」と言うほうが、お子さんが素直に着替えに対して意識を向けてくれます。実況中継でさらに効果的なのが、「〇〇はどこにしまうの？ ママ／パパはわからないから教えて」と、子どもに教えてもらうスタンスにすることです。子どもは大人に教えることが好きなので、朝のお支度がはかどりやすくなりますよ。

POINT!

1. **実況中継**でやることを明確に
2. **「教えて」のスタンス**もおすすめ

theme

物の貸し借り

スムーズに物を貸し借りするには？

子ども同士の貸し借りでトラブルを起こさないコツは、「早く貸してあげなさい」ではなく、「あと何回遊ぶか決めよう」と残りの回数を子どもに決めてもらい、その回数を一緒に数えることです。“あと○回遊べる”という余白をお子さんに意識してもらうことで、貸すことに対して寛大になりやすくなります。そこに、指折り数えて「あと何回だよ」と可視化することで、子どもがその回数を意識して“貸す”という行動につながりやすくなるのです。また、「先生にひとつ貸してくれる？」と先生などの大人に貸してもらう方法もあります。お友だちに貸すだけだと、そのおもちゃが返ってくる保証はありませんが、大人にも一緒に貸すことで“きっとおもちゃは返ってくるだろう”と安定した見通しができるため、おもちゃを渡しやすくなってくれます。

POINT!

1. 残り回数で心にゆとりを
2. 「大人にも」で安心感を！

theme

子どもの行動

次の行動にスムーズに移るための秘訣は？

おでかけをしたとき、突然走り出した子どもを親が必死に追いかける“追いかけっこ”状態になってしまうことってありますよね。そんなときは、次の目的地までの移動を“遊び”としてやってみてください。番組で紹介したのは、なわとびを使った方法です。お子さんに車掌役、もしくは乗客役になってもらい、なわとびを電車、目的地を駅に見立てて、その駅に向かって「出発～！」と移動してみるのです。遊びにすることでお子さんは楽しみながら次の行動に移ってくれると思います。また、なわとびは長さが限られているので子どもが離れすぎず、ちょうどいい距離で移動できるのもポイント。公園などの広い場所だけでなく、スーパーの駐車場から店内に入るまでの短い間でも、この方法を使えば安心して移動できると思います。

POINT!

1. 移動そのものを“遊び”にしてみる
2. なわとびの長さは移動するのにちょうどいい

theme

子どもの行動

子どもがスムーズに
おうちに帰りたくなる方法は？

おでかけ先からいざ帰ろうとすると、子どもが“帰りたくないモード”に入ってしまうこと、よくありますよね。そんなときは、「家に帰ったあとの楽しみ」を伝えてみることがおすすめです。ここで大切なのが、“今やっていることと関連づけて誘う”こと。関連がないと、子どもは興味を持ちにくいのです。例えば、電車を眺めている子に「おうちのお花を見に行こう」と誘ってもうまくいきません。「おうちの図鑑で今の電車について調べてみよう」とか、「牛乳パックで電車を作ってみよう」など、今やっている遊びに紐づけて興味を引きながら家に帰ろうと誘えば、子どもも「よし！ 帰ってみようかな」と気持ちを切り替えやすくなります。

POINT!

1. 家に帰ると**楽しいことが待っている**ことを伝える
2. **今興味を持っていることと関連**づける

theme

叱り方

パパが厳しく叱るので子どもが怖がってしまう。そんなとき、どうしたらいい?

子どもがよくないことをしたとき、“まず叱り、子どもが反省した様子が見えたら許す”というご家庭が多いかと思います。一度叱り始めると、謝るまで叱り続けてしまう、そんな親御さんもきっといらっしゃいますよね。しかし、そういった叱り方だと、子どもはただ怒られるのが怖いからよくないことをやめる、という考えになってしまい、一時的にはやめてくれますが、時間が経つとまた同じことを繰り返します。怖いという気持ちがあると、親御さんの話も入ってこないですし、子どもにも言い分があるので、叱る前にそれをしっかりと聞いてから、「○○ちゃんはそう思ったんだね」と受け止めてください。大人に「怒らないから話してごらん」と言われたら、素直に話せたという経験は誰でもあると思います。話を聞いて、言うことを聞くためには安心感が必要なんです。

POINT!

1. 怖さで言うことを聞くのは一時的
2. “恐怖”ではなく“安心感”を与える

絶品9メニューを厳選！

ごはんさんのパクパクハッピーレシピ

普段あまり料理をしない人や料理に苦手意識がある人でも挑戦しやすく、子どもたちにも大好評なごはんさんのレシピ。ここでは番組で反響のあった人気メニュー8品に、本書のためにご用意いただいたオリジナルレシピ1品を加えた全9メニューをご紹介します！

— RECIPE #1 —

野菜たっぷり パパッとおろしカレー

材料｜4人分(大人2人・子ども2人 目安)

にんじん	1本(150g)
セロリ	1/2本(50g)
たまねぎ	1個(200g)
豚ひき肉	200g
カレールー	1/2箱
水	カップ2
コンソメキューブ	1個

作り方

1 にんじん、セロリはよく洗う。たまねぎは皮をむく。

2 フライパンににんじん、セロリ、たまねぎをすりおろす。たまねぎのすりおろしにくいところはハサミでカットする。

3 豚ひき肉もフライパンに入れて、中火にかけてよく炒める。

4 ひき肉の色が変わったら、カレールーとコンソメキューブ、水を入れて蓋をして5分煮込む。

5 盛りつけて完成！

にんじんは出荷時の洗浄の際、薄皮をむかれている場合が多いのでよく洗えば皮ごと使える。皮の部分は栄養価も高い！

セロリはすりおろすときに筋が出てきたら取り除く。たまねぎは薄皮が取れやすいので難しければ細かくカットしよう

ごはんさんの ワンポイントアドバイス

セロリを入れることで、野菜のえぐみ、匂いなどが緩和され、野菜嫌いのお子さんでも食べやすくなりますよ！

とっても簡単

パタン to ギョーザ

— RECIPE #2 —

材料｜4人分（大人2人・子ども2人 目安）

餃子の皮（大判が作りやすい）･･･ 20枚
豚ひき肉･･････････････････････ 100g
ニラ･･････････････････ 1/4袋（25g）
小松菜･･････････････････ 3本（20g）
塩･･････････････････････小さじ1/3
油･･････････････････････大さじ3

作り方

1 調理用の袋に豚ひき肉を入れる。ニラ、小松菜はハサミで細かくカットしながら袋に入れていく。

2 塩を入れ、袋の口を捻り、手でよく揉み込む。

3 まな板に餃子の皮を並べて、スプーンで2の餡を皮の真ん中に落とす。水をつけた手で皮のふちをぐるりとなぞり、皮を半分にパタンと折ってくっつける。

パタンをしたら手で皮と皮をよくくっつけて。掌で中の具を平らにすると火が早く入る

4 フライパンに油を引いて中火に熱し、片面1分半を目安に、両面をこんがり焼いたら完成！

油が跳ねないように、皮の表面が濡れていたらペーパーで拭こう

ごはんさんの
ワンポイントアドバイス

餡には子どもの好きな具を加えてOK。餡の代わりにチョコやチーズ、リンゴジャムを挟めばおやつにも。

— RECIPE #3 —

トロふわ！ はんトマハムカツ

材料｜2枚分

はんぺん	2枚(200g)
スライスチーズ	2枚
ハム	2枚(36g)
ミニトマト	4個(50g)
マヨネーズ	大さじ2
パン粉	大さじ2
油	適量

作り方

1 ミニトマトはヘタを取って半分に切る。ハムとチーズも半分に切っておく。

2 はんぺんは半分に切って、包丁の先で断面に切り込みを入れてポケットを作る。

3 はんぺんのポケットにハムとチーズを重ねて入れ、さらにミニトマトも入れ込む。

ほかの野菜や具をはさんでもOK。アレンジを楽しんで

4 3の片面にマヨネーズを塗ってパン粉をつけたら、ひっくり返し同じようにマヨネーズとパン粉をつける。

5 フライパンに油を1ミリ程度引いて中火で熱し、4を静かに並べる。両面を30秒程度焼いたら完成。

パン粉は焦げやすいので火加減に注意。焼き色が付いたらひっくり返そう

ごはんさんのワンポイントアドバイス

揚げ焼きが大変なら、表面にマヨネーズを塗ってパン粉をかけ、トースターで焼き色が付くまで焼いてもOK！

野菜入り！

カリふわナゲット

— RECIPE #4 —

材料｜6個分

厚揚げ……………… 1枚(130g)
鶏ひき肉……………………… 120g
かたくり粉………………… 大さじ1
ほうれんそう(茎の部分のみでもOK)‥1株(50g)
おろしにんにく(チューブタイプ)…2センチ分
油……………………………… 適量

【スイートオーロラソース】
マヨネーズ……………… 大さじ2
ケチャップ……………… 大さじ1
練乳…………………… 大さじ1/2

【マイルドバーベキューソース】
ケチャップ……………… 大さじ2
中濃ソース……………… 大さじ1
練乳…………………… 大さじ1/2弱

作り方

1 ほうれんそうをキッチンバサミで細かくカットして、調理用の袋に入れる。
2 油以外の残りの材料をすべて袋に入れ、手でよく揉み込む。
3 フライパンに油を1ミリ程度引いて、2の生地を成形して並べる。
4 中火で熱して、両面を2分ほど焼いたら完成。
5 ソースはすべて混ぜたら完成。

厚揚げは丁寧に潰すと仕上がりの食感がより滑らかに

ポイントは練乳。ポテトなどにつけてもおいしい！

ごはんさんのワンポイントアドバイス

野菜はすりおろしたにんじん、刻んだ小松菜やニラ、まいたけなどのきのこ類を使ってもおいしく作れます。

— RECIPE #5 —

冷めてもおいしい！カリカリからあげ

材料｜15～20個分

鶏もも肉 ……………… 1枚(300g)
★醤油 …………………… 大さじ1
★砂糖 ………………… 大さじ1/2
白玉粉 …………………… 適量
揚げ油 …………………… 適量

作り方

1 鶏もも肉は黄色い脂肪を取り除き、ハサミで一口大にカットして調理用の袋に入れる。

2 ★も袋に入れて手でよく揉み込み、冷蔵庫で30分ほど寝かせておく。

お肉は前日から漬けておいても◎。逆に漬ける時間がなく、味が足りないと感じたら揚げたあとに塩をふっても

3 小さめの鍋に油を高さ2センチほど入れて中火(170度設定)にかける。

油の温度の目安は、菜箸を入れて先のほうから細かい泡が連続で出るようになったらOK

4 トレーに白玉粉を入れ、2にまぶしたら、油に静かに入れて4～5分揚げる。こんがりきつね色になれば完成。

ごはんさんのワンポイントアドバイス

白玉粉を使うことで冷めてもカリカリ。白玉粉にカレー粉、ゆかり、青のりなどをまぜてアレンジしても。

まぜまぜ ビビンバおにぎり

— RECIPE #6 —

材料｜4人分（大人2人・子ども2人 目安）

炊いたごはん…………………2合
合いびき肉………………… 100g
にんじん…………… 1/2本(100g)
小松菜……………… 1/2袋(130g)
コーン缶………………… 50g
ごま油………………… 大さじ1
★焼肉のタレ…………… 大さじ2
★醤油………………… 大さじ2
塩………………………… 少々

作り方

1 にんじんは千切りに、小松菜は1.5センチ幅にカットする。

> にんじんの千切りが難しければピーラーでカット。小松菜はハサミでカットしても◎

2 フライパンにごま油を引き、中火にかける。合いびき肉を入れて色が変わったら、にんじんと小松菜も入れて2分炒める。

3 ★を入れてさらに炒め、汁気が飛んだら火を止めてコーンを入れる。

> 焼肉のタレを入れると野菜から水分がたくさん出てくるので、しっかりと水気を飛ばすと味がぼやけづらくなる

4 炊いたごはんに3を混ぜ合わせ、塩で味を調えたら完成。よく冷ましてから、おむすびにする。

ごはんさんの ワンポイントアドバイス

しっかり炒めるとタレがよくなじみ、野菜の色も飛ぶので緑色の見た目が苦手なお子さんも食べやすくなります。

野菜も食べやすい！

パクパクキッシュ

— RECIPE #7 —

材料｜4人分（大人2人・子ども2人 目安）

卵……4個
小松菜（茎のみ使用）……2株（80g）
コーン（缶詰）……大さじ3
ピーマン……2個（80g）
合いびき肉……100g
ピザ用チーズ……30g
マヨネーズ……大さじ1
塩……小さじ1/4
こしょう……少々

作り方

1 ピーマンは横に細切りにして3等分にカットする。小松菜の茎は小口切りにする。

ピーマンは繊維を断つように横にカットすることで食感が柔らかく、苦味やえぐみが水分と流れ出やすくなる

2 フライパンにマヨネーズを引いて中火にかけ、1と合いびき肉を入れて3分炒めてから、弱火にして蓋をし、3分蒸らす。

3 火を止めてコーンを入れ、塩、こしょうをふる。

4 卵を割り入れ、よく混ぜてからピザ用チーズをかける。蓋をして弱火で8分焼いたら完成。

チーズをかけることで見た目の色味もカバー！

ごはんさんのワンポイントアドバイス

青野菜を香りの強い合いびき肉と一緒にマヨネーズで炒めることで、苦味やえぐみをカバーしやすくなります。

カリカリ食感

ネバネバサラダ

— RECIPE #8 —

材料｜4人分(大人2人・子ども2人 目安)

小松菜………………… 1わ(200g)
ひきわり納豆 …………1パック(40g)
揚げ玉………………大さじ2(10g)

★めんつゆ(2倍濃縮) ……… 大さじ1
★醤油……………………… 小さじ1

作り方

1 小松菜は洗って1センチにカットし、耐熱容器に入れ、ふんわりラップをして電子レンジ600Wで4分加熱する。

2 ラップをはずして、熱いうちにかき混ぜて湯気を飛ばす。

3 軽く混ぜておいたひきわり納豆と★を合わせて混ぜ、最後に揚げ玉を加えて混ぜたら完成。

ラップをはずす際はやけどに注意！ 小松菜は熱いうちに湯気を飛ばすようにかき混ぜることで、えぐみや匂いを抑えられる

ひきわりではなく丸大豆の納豆で作ってもOK。めんつゆのかわりに納豆の付属タレを使う場合は味を見て調整を

ごはんさんの ワンポイントアドバイス

生野菜が好きなお子さんなら小松菜をゆでずに作っても大丈夫ですよ。きゅうりや水菜などもよく合います！

ORIGINAL

— RECIPE #9 —

レンジで簡単！
かぼちゃのマグスープ

材料｜1杯分（300cc以上のマグカップを使用）

水……………………………100cc
ベーコン……………… 2枚（15g）
エリンギ……………… 1/2本（40g）
かぼちゃ…………4センチ角（50g）
顆粒コンソメ………小さじ1/2（2g）
牛乳…………………………60cc
ピザ用チーズ…………大さじ1（8g）

作り方

1 ベーコンとエリンギはハサミで1センチ角にカットする。

2 マグカップ（300cc以上のもの）に1とかぼちゃ、顆粒コンソメ、水を入れて、ラップをふんわりかけて電子レンジ500Wで3分加熱する。

かぼちゃは冷凍のものや煮物を使ってもOK

3 かぼちゃを潰すように混ぜ、チーズと牛乳を入れて熱いうちによく混ぜたら完成。

ごはんさんの
ワンポイントアドバイス

2にごはん50g、カレー粉小さじ1/4を加えればリゾットに。チーズは大さじ2（16g）に増やすのがおすすめ。

ハロー！スペシャル対談

野々村友紀子さん×てぃ先生

MCを務める野々村友紀子さんと、“神アドバイス”でおなじみのてぃ先生。ママやパパに寄り添う優しい空気感と、二人の絶妙な掛け合いが視聴者の方から大好評です。今回はそんなお二人に、モニタリングをしながら感じたことや気づいたこと、番組への思いなどをたっぷり語っていただきました！

子育てのアドバイスは共感が9割 正論は1割ぐらいでいい

――2021年に『ハロー！ちびっこモンスター』のパイロット版（レギュラー化される前に試験的に制作される番組）が初放送されてから約3年が経ちました。当初、番組のお話を聞いたときの印象は？

野々村さん 私自身も二人の娘がいて、今はもう高校生になるんですが、子育てって**自分の人生の中で一番難しかった**んです。すっごく大変だし。だから、保育の専門家の方にコツを教えてもらえるような番組っていいなと思いました。それから、普段ほかのおうちの子育ての様子を見る機会なんて滅多にないので、単純に「人の子育てを見てみたい」という気持ちもありました。楽しそうだなって。

てぃ先生 僕は正直、最初はあまりイメージがわきませんでした。しかも、収録初日に現場に向かったら、イメージしていたようなスタジオではなく居酒屋の2階みたいなところに連れていかれて（笑）。「本当にNHKの番組なの？」ってびっくりしました（笑）。

野々村さん びっくりしましたよね（笑）！ いつもママたちと一緒にモニタリングをするので、皆さんのご自宅からアクセスしやすいところで収録しないといけない事情があり、**今もスタジオが移動式**なんです。

てぃ先生 でもいざ収録にのぞんでみたら、「なるほど、そういうことか」と。

野々村さん 驚きの連続でしたよね。まず、誰かの生活を5時間以上観察することなんて、なかなかありませんし(笑)。モニタリングだと冷静に見ているからわかるけれど、**自分が「渦中」にいたころは見えていなかったことや、気づけなかったことがたくさんあった**んだなとも思いました。子どものちょっとした仕草もそうだし、上の子の「我慢」もそう。てぃ先生がいつもお子さんたちの様子を見ながら、「今こうしてほしいんだと思います」って解説してくれますが、それを聞くとすごく納得できます。

――家事をしながらとなると難しかったり、ちょっとした瞬間に起こったことに気がつけないこともありますもんね。

野々村さん そうなんです。ほんまに必死やから。家のこともやらないといけない中で子どもと関わるって、本当に大変なことで。こっちは片手間にやっているつもりはないけれど、どうしても見えない部分が出てきてしまう。

だから、番組を通してほかの人の子育ての様子を見ることで、**自分に置き換えて考えたり、子どもとの接し方を変えてみたりするのに役に立つことができる**のはすごくいいなと思います。私はもう子どもがだいぶ大きくなってしまいましたが、「もっと早く知りたかったな」と思うことがたくさんあります。

てぃ先生 僕も気づきがあって、例えば、**保育園と家での子どもたちの違いについて**もそのひとつ。特に、「ママ登場回」（ママと子どもの様子をパパがモニタリングする回）でそれを感じます。保育園だと「周りが片づけているから自分も片づけよう」というように、いい意味でも悪い意味でも環境が作用する部分がありますが、おうちだと親御さんという絶対的に甘えられる存在がいるから、保育園では見せないわがままや素直な気持ちを出す様子が見られて、なるほどと思いました。

野々村さん やっぱり全然違うんですね〜。

てぃ先生 そうなんですよ。もともと自分なりにご家庭の事情をくみながらアドバイスをするよう心がけてはいましたが、番組を通して親御さんの苦労がより具体的に見えるようになったので、当初は正論半分、共感半分ぐらいの気持ちでしたが、今は**共感9割、正論は1割ぐら**

いでいいんだなと思うようになりました。そもそも、9割の共感がないと1割のアドバイスすら入ってきませんよね。

野々村さん

そうですよね。共感することで子どもが聞き入れてくれるようになるのを何度も目の当たりにしたし、私も番組を通して共感の大切さを叩き込まれました（笑）。私の場合は思春期の娘とのコミュニケーションにも役に立ちました。1回受け止めて、聞くだけで全然違うんですよね。でもきっと、大人も同じなんですよね。例えば、仕事中でも上司がいったん共感してくれたうえで、「こういうやり方のほうがいいんじゃない？」と言ってくれたほうが、気持ちよくアドバイスを受け入れられますよね。夫婦間でもそうだと思うし、共感って本当に大事だなと思います。

大人が守らせたい「約束」は子どもにとっては〝無茶振り〟なことが多い

野々村さん

モニタリングをしてみて、一貫性の重要さを感じたんですが、やっぱり保育園や幼稚園とおうちだと全然違いますよね。保育園は「この時間にはごはんを食べる」という揺るがないスケジュールがあって、先生たちがちゃんとそこに合わせて保育をしてくれますが、家だとどうしてもブレてしまう。いつも「おやつはおやつの時間だけ」って言っているのに、たまに「ちょっとこれでも食べときな」って、ごはんの前にあげてしまったり(笑)。機嫌を取るためや、ごはんを作る時間を稼ぐためなど、どうしても状況に合わせて**こっちがブレてしまうから、子どももわかる**んでしょうね。

てぃ先生

そうですね。でも実はそこがブレてしまう先生もいて、そういう先生のクラスは子どもたちもブレがちです。例えば、「今日はお片づけしないで園庭に行っていいよ」と言ってしまうと、子どもたちは次の日から片づけないで遊びに行こうとしますから。

野々村さん

そうなんや。だから逆に言うと、**子どもってちゃんと大人のやることに対応してくれる**んですよね。お片づけも、「私がやったほうが早いわ!」ってママがやっちゃう日が多いのに、突然「今日はちゃんと片づけなさい!」って言われると子どもは混乱するんでしょうね。「これがあかんねんな~」って、いつも反省しています(笑)。

てぃ先生

あははは(笑)。でも、本当にそうですよね。この番組でもよくお話しするんですが、**実は先に約束を破っているのはだいたい大人**なんです。子どもが「お菓子を食べたい」ってわがままを言っているんじゃなくて、その前に大人が例外的に「食べていいよ」ってあげてしまったことがあるから、本来は食べない時間に「食べたい！」って言い出しやすくなる。なんでもそうなんですけど、「子どもがルールや約束を守れない」と言いつつ、実は先に破っていたのは大人であることが多い気はします。

野々村さん てぃ先生の、「そもそも**大人が言う『約束』は無茶なことが多い**」という一言も印象的でした。子ども目線で考えると無茶なことを、大人が守らせたいからという理由で、約束という名目で押し付けて「守らないとダメでしょ！」って言っていることって、わりとありますよね。でもまずは子どもが守れる約束をして、**ちゃんと守れたときにほめるほうが、約束を大事にしてくれるようになる**んだなと思いました。無茶なことばかりなのに「また約束破った！」って言われたら**きっと子どもも約束が嫌いになる**し、こっちも怒ってばかりになって、もったいないなって。自分も反省しました。

――モニタリングではいつもどんなことを中心に見ていますか？　収録にのぞむにあたって心がけていることはあるのでしょうか？

てぃ先生 僕は意識的に**お子さん9・5割ぐらいで見ています**ね。

野々村さん だからてぃ先生は、子どもの動きや気持ちに気が付くのがすごく早いんですよね。私は親御さんの行動を見ていることが多くて、「パパちゃんと野菜の皮むいてへんな」「洗濯物の干し方がちょっと〜」とか、そっちばっかりに目が行っちゃいますけど(笑)。でも、そうやって見るところも自然と分担されているからいいのかな。

てぃ先生 そう思います！　心がけていることは、僕は収録したその場だけがよかったらいいとは思わないので、「今日がうまくいったからよかったですね！」というような形にはしたくないと思っています。アイテムもなるべくご家庭で用意しやすいものや継続性を意識して、**モニタリングしたその日から子育てが徐々によくなっていくようなもの**にできるように考えています。

野々村さん アドバイスも耳の痛い言葉ではなく、わかりやすく、共感しやすいんですよね。子育て中って**精神論みたいなアドバイスはいらない**じゃないですか(笑)。もう十分しんどいし、そういうアドバイスってなんだか自分が責められている感じもするし。そうじゃなくて、寄り添ってくれているのがパパやママにも伝わっていると思います。

てぃ先生 そうだとうれしいです。子育てって、いわゆる「共感と代弁が大事」ってよく言うじゃないですか。もちろんそれはそうだし、僕もそうアドバイスをするときはあるんですが、現実

はそれではうまくいかないからみんな悩むわけですよね。だから、親御さんたちに「具体的にこうすればいいんだ」って思ってもらえるようにすることや、**できる限り実践しやすくする**ことは、かなり意識している部分です。

番組で笑顔になってくれた親子を見て自分がしたかった活動に気づけた

――これまで放送された中で特に印象的だった回はありますか？

野々村さん 初めて寝かしつけに挑戦したパパをみんなで見守った回です。1時間半ぐらいかかったんですが、だんだんスポーツを見ているような気分になりました(笑)。みんなで「行け～！」「あ、手を抜くのはまだ早い～！」って、ワーワー言いながら応援したんですが、**最後に成功したときは感動して泣いてしまいました**。たぶんこういう機会じゃなかったら、パパも心が折れてママに頼ってしまったと思うんです。でも、**最後までやらなきゃいけない環境になるとちゃんとできる**んだなって。よく「ママじゃないと」と逃げてしまう人がいますが、

本当はみんなできるんですよ。ママだってみんながんばってそこを乗り越えてきたんだから、パパもぜひ一緒に乗り越えてほしいなと思います。

てぃ先生

僕は凛々ちゃんの回(2021年8月9日放送)です。凛々ちゃんは当時5歳。2歳になる弟がいる女の子で、様子を見てみると自信を失いかけているのではないかと感じる状況でした。そこで、パパに凛々ちゃんの好きなところや普段うまくできているところをふせんにひとつずつ書いてもらい、ボードに貼っていくアイテム(P.100参照)を投入して、一緒にやってもらったんです。すると、ご本人が自分にもいいところがたくさんあると気づいてくれたようで、最後はニコニコしながらうれしそうにボードを眺めていました。**子どもが笑顔になってくれて、そんなお子さんを見たパパもうれしそうにしている**光景が、僕はすごく印象に残っていて。**自分がしたかった活動ってこういうことなんだな**と気づけた瞬間でした。もちろん、普段保育園でアドバイスをさせていただくこともありますが、**保育園の外でもお子さんやご家庭のことを助けられる方法がある**んだなと気づけたし、活動もまだまだ幅が広がりそうだなと思えた出来事でした。

――番組に出演されるお子さんや親御さんたちを見ていて感じることはありますか？

野々村さん 子どもが楽しそうにしていたり、パパやママとニコニコと笑っていたりするのを見ると、**こちらまで幸せな気分に**なりますよね。親子が笑っている姿ってすごくいいなと思うし、日本中のどのご家庭にもあってほしい光景だなと思います。それから、子どもたちってやっぱりパパやママのことが大好きなんですよね。子どもたちの行動や言葉のひとつひとつに愛があふれていて、毎回素敵だなと思います。

てぃ先生 野々村さんがすごく素敵なお話をしてくださったので、僕はあえて別の視点から話させていただくと、世の中のママたちがどうしてこんなに大変なのかを考えてみたときに、子どものお世話をする大変さに加えて、**パートナーにも甘えられているのがすごくしんどい**んだろうなと感じる部分があります。冷たい言い方になってしまいますが、きっとパパの中には「ママがやってくれるから」という信頼という名の甘えがどこかにあって、**ママが普段どんな思いで、どんな我慢をしながら子育てをしているのかを理解しきれていない方が多い**と思うんです。でも、ママも子どもが生まれた瞬間に子育てに関する情報が突然インプットされたわけではなく、パパと同じように最初はいろんなことができなくて、失敗して、たまにうまくいくこともあって、でも苦しくて……っていうのを繰り返しているわけですよね。もち

ろん、パパはパパなりにがんばっている部分もあると思います。ただ、**もう少しママのがんばりを知って認める機会が増えてほしい**し、感謝をしたうえで子育てに関して自分は何ができるのかを考え、自主的に動いてみると、パートナーとの関係も良好になると思います。

野々村さん

本当にそうですね。普段子どもと一緒に過ごしているとなかなか大きなハプニングは起こらないので、**大変だったことを聞かれても細かすぎて逆に伝えられない**んですよ。家事もそう。やることがものすごくたくさんあって、ヘトヘトになるけれど、言葉にしてもうまく伝わらない。だから、この番組が始まると聞いて**「やっと伝わる！」というれしさ**もありました。「みんな見て！　こういうことだから！」って(笑)。パパに限らずたくさんの人に見てほしいですね。**子育てのリアルがここにある**ので。

ママやパパがもっと自分たちのことも大事にしてくれたらうれしい

――最後に、この本を手に取ってくださった読者の方にメッセージをお願いします。

野々村さん まず、この本を手に取ってくださった時点で、お子さんへの愛があふれる方であることに間違いないと思うんです。「子どものために何かいい方法はないか」「自分がしてあげられることはないか」と、考えていらっしゃるわけですから。なので、**まずは「おつかれさまです」と伝えたい**です。本当にいつもがんばっていらっしゃると思います。私も同じように子育てを経験したので、しんどいことも、うれしいことも、すごくよくわかります。ただ本当に、**子育てって「こうしないといけない」という正解はない**と思うんです。実は私も「私は全然うまく子育てができていないんじゃないか」と感じたり、「しんどいと感じてしまう自分は母親失格なんじゃないか」と思ってしまったことがありました。子どものことが嫌いなわけじゃなくて、自分に対して腹が立ったり、夫に対して「もっとこうしてくれたらいいのに」とイラついたり。「なんでこんなにしんどいの!?」って愚痴ってしまったこともあります。でもそれって、仕方のないことだと思うんです。それを『失格』だなんて思わないでほしいし、むしろ、そういう愚痴を**もっと周りに言える社会にもしていかないといけない**と思います。無理をせずに、しんどいときはしんどいって言っていいんだよと伝えたいです。そのためにも、まずは自分の一番近くに「味方」を作れるといいですよね。自分を助けてくれる人を作って、正直に全部言う。「味方」を作ることって、実はすごく大事なことなんじゃないかなって思います。

てぃ先生

この番組は**子育ての正解がわかる番組ではなくて、出演してくれたご家庭のお子さんのことがわかる番組**だと思っています。だから、おうちで同じアイテムを使っても、当然うまくいかないこともあるはずです。ただ、自分の子どもの性格や状況に近いご家庭が登場する場合もあると思うので、そういう回を見つけたら、ぜひ気軽に試してもらえるとうれしいです。もちろん、それでうまくいかなくても決して「失敗」ではありません。ダメだったらまたほかのものを試して、引き出しの開け閉めを繰り返してみてください。**正解を探すのではなく、「うちの子に合っているものはあるかな？」という感じで、気軽に楽しんでいただけたら**と思います。それから、「子どもを幸せにするための方法」という考え方ではなく、「自分たちが幸せになるための方法ってどんなことだろう？」ということを考えながら見ていただけるとうれしいです。ママやパパがお子さんのことを大事にするのはとても素敵なことだと思うんですが、**ママやパパもそれと同じくらい自分たちのことを大事にしてほしい**なと思っています。

ハロー！スペシャルインタビュー

番組ナレーション担当 日野 聡さん

いつも素敵な声で番組を盛り上げてくれる声優の日野聡さん。ご自身も2児のパパということで、番組を見ながら共感することがたくさんあるんだとか。そこで今回はナレーションの舞台裏に加えて、普段お子さんと向き合ううえで大切にしていることなど、子育てについてもいろいろと伺いました！

番組を通して育児の大変さ、楽しさ、そして幸せな思いを共感し合えたら

——ナレーションの際に気をつけていることやこだわっていることはありますか？

日野さん 育児って楽しいだけじゃなくて、大変なこともたくさんあるじゃないですか。なので、その**大変な部分を少しでも楽しく、ポジティブに捉えていただけるように**、ということは常に心がけている部分です。例えば、パパがあたふたしている部分や、ちょっとヘンテコな行動をしている場面でも、楽しく感じてもらえるように表現を工夫してみたり、ツッコんでみたり。**私自身も楽しみながら、家族の皆さんと一緒にいるような感じ**で、いい雰囲気を作り出せるように心がけています。

——ナレーションをしながら印象的だったことはありますか？

日野さん 毎回、「あるある！」と共感できる部分がすごくたくさんありますよね。あと個性が強いお父さんなどが登場されるとインパクトが大きいです。特に印象的だったのは、今期の初回

（2024年4月2日放送）に出演されたお父さんとお子さんのやり取り。家の中でアスレチックを作り始めた回はさすがにツッコみたくなっちゃいました（笑）。本当にいろんなお父さんがいて面白いですよね。すごく反響が大きかった**「ママ登場回」は、個人的にもすごく印象深かった**です。私の周りでも非常に好評で、「ママ登場回をもっとやってほしい」という意見もたくさんいただきました。

――番組を見ながら勉強になったことや育児の役に立ったことはありましたか？

日野さん

てぃ先生がよくおっしゃっている「共感」です。自分でも知らず知らずのうちにできていた部分はあったのですが、どうしても時間に追われていたり、親がバタバタしていたりすると、徹底できないときがあるじゃないですか。なので、**常に意識を持ち続けるのが本当に大切**なんだなと改めて思いました。あとは、食事中に動いてしまう子のために、足を置く位置にシールを貼ることで、子どもの意識をそこに向けさせて、ちゃんと座らせるといったアドバイス（2022年9月21日放送／「ちゃんと前を向いて食べなさい」といった曖昧な表現で叱るより、子どもにもわかる具体的な提案をしようという内容）も、「すごい！」「なるほど！」と勉強になりました。

――てぃ先生のアドバイスは本当に取り入れやすく、納得できるものが多いですよね。

日野さん　本当にそう思います！　それから、**子どものいいところを書き出す**（P．100参照）のも、すごく大切なことだなと思いました。子どもたちも、成長していくにつれてだんだん自分自身と比較する対象が出てくるじゃないですか。そうすると、「あの子はできているのに、どうして自分はできないんだ」と落ち込んだりすることがあると思うんです。でも、そういうときに**「あなたにはこういいところがあるんだよ」ということを改めて伝えられる**のは、その子のためにすごくプラスになるし、自分もそういうことを大切にしていきたいなと思いました。人に言ってもらうだけじゃなくて、「自分にはこういうところがある」と、**自分で書き出すのもすごくいい**んじゃないかなと思いました。

――忙しくお仕事をされている中で、いつもどのようにお子さんと関わっていますか？

日野さん　子どもと一緒にいられる時間って限られているじゃないですか。ある程度の年齢になると、だんだん親から離れていくし、親と一緒に出かけたくなくなる時期も来ますよね。だからこそ、私は**できるだけ関わっていたい**なと思っています。普段、妻に負担をかけてしまうことが多いので、自分ができることは積極的に取り組んではいます。朝は時間的に私がお兄ちゃんを送れるので、一緒に通学し、仕事が早く終わったときは子ども二人のお迎えにも行きます。家に帰ってきてからは子どもたちをお風呂に入れて、娘の歯みがき、毎回のトイレのお手伝いやお兄ちゃんの勉強を見たり、週末は二人の上履き洗いなどもやっています。それから個人的に好きなのは、寝かしつけです。**子どもが「一緒に寝たい」と言ってくれる**ので、子どもたちとわちゃわちゃしながら自分もよく寝落ちしています（笑）。妻が仕事で不在のときは自分がごはんを作るのですが、おいしいものが作れているかは正直わかりません（笑）。好評だったのはハンバーグ、和風パスタ、豆乳鍋、肉うどんなどです。料理でいうと、子どもと一緒に家族みんなで餃子を作ることもあります。みんなで餡を包むのが楽しいんですよね（笑）。でも私はどうしても妻に比べてレパートリーが限られてきてしまうので、ごはんさんのレシピ（P.135）は非常に参考になりました！

——二人のお子さんを育てるうえで心がけていることはありますか？

日野さん 私には妹がいるのですが、私が幼いころ、うちの**父が仕事から帰ってきて真っ先に「ただいま」って抱きしめるのは私だった**そうなんです。当時の記憶は正直ないんですが、父も「お兄ちゃんにまず気を使ってあげる」というのを徹底していたらしくて。それを聞いたときに、自分も取り入れたいなと思いました。やっぱり**上の子のほうが我慢をさせられることも多いし、自主的に気を使って我慢するときもある**んですよね。振り返ってみると自分もそうだったので、父がやってくれたことは私も心がけるようにしています。

――笑顔で子育てをするために大事にされていることはありますか。

日野さん 先ほどと重なる部分もあるんですが、やっぱり**共感すること**。そして、**子どもの目線に立つことを大切にしたい**なと思っています。どうしても大人からすると、「なんでこれができないの？」と思ってしまうこともあるんですが、「自分はどうだっただろう」「ここで引っかかっているのかな？」と、一回子どもの立場になって考えてみたいと思っています。あとは、時間に追われてイライラしてしまいそうなときも、例えば着替えがのんびりな下の子の場合は、あえて少し遊びを取り入れて着替えてみるということをできる限りしてあげたいと思っていて。それはこの番組の**てぃ先生のアドバイスを見て、より意識するようになりました**。やっぱり、自分に余裕がないとできなくなってしまうので、そういう瞬間にこそ「モード」を切り替えられるように気を付けています。

――最近、お子さんと関わる中でうれしかったことや、幸せを感じた瞬間は？

日野さん 上の子はもう字が書けるので、今年の**父の日に手紙を書いてくれた**のですが、本人から「ちゃんと仕事場まで持っていって、肌身離さず持っていてね」と言われたので、いつもファイルに入れて持ち歩いています(笑)。

――日野さんから見たこの番組の魅力とは？

日野さん 昔と時代も変わって、ちゃんと育児に向き合い、一緒に子育てをするお父さんも増えている中、**みんなで協力し合って、より楽しく育児をしていくために役に立つことを教えてくれる**番組なのかなと思っています。もちろん、育児って大変だし、泣きたくなることやつらいこともたくさんあると思います。でも、**それを乗り越えた先にどれだけ素敵な瞬間があるのかを、この番組を通してみんなに届けられたら**と思います。ただでさえ少子化ですし、経済的な理由もあって「子どもを持つのがマイナスになる」というイメージを持っている方もたくさんいると思いますが、もし「これから子どもを持ちたいな」と思っている方がいたらぜひ見ていただきたいです。それから、やっぱりどうしてもまだ男性が社会に出ている時間が長く、**女性が家庭の負担を強いられることが多い**じゃないですか。そのせいで、ママがつらく悲しい思いをしているのを僕自身も目の当たりにしています。日本の社会全体でみんなの意識がもっと変わっていかないといけないし、個人的には、もう少し**周りと協力し合える環境に変わっていくといい**んじゃないかなと思う部分もあります。なので、このような機会をきっかけに**もっとみんなで協力し合える環境を、そして、自分のこと以上にそれぞれが相手を尊重していける環境をもっと作っていけたら**いいなと思います。

——最後に、この本を読んでくださる皆さんにメッセージをお願いします。

日野さん まずは、毎日子育てに時間と命をかけてくださっているお母様方、本当におつかれさまです。そして、本当にありがとうございます。お父様方もみんなすごく感謝していると思います。この番組を通して、たくさんのお父様方がもっともっと育児と向き合い、**みんなで楽しく子どもの成長を見守りつつ、家族としても成長していけるといいなと、私も2児の父という立場から思います**。今後も育児というものを楽しく、ポジティブにお届けできるように、ナレーションという形で私も全力で取り組んでいきますので、引き続き『ハロー！ちびっこモンスター』を通して、**育児の大変さ、楽しさ、そして幸せな思いを共感し合えたらうれしい**です。

番組が できるまで

てぃ先生が「ここまで丁寧に考えて作っている番組はない」とSNSで発信していましたが、実際どんな過程を経て番組が作られているのか、制作の裏側をご紹介します。

『ハロー！ちびっこモンスター』

制作の裏側を全部教えちゃいます

出演者募集から打ち合わせ、本番収録、
そして放送まで、順を追って紹介していきます！

START!

1 番組公式HPで出演者募集

ＮＨＫの番組ＨＰで出演者を募集します。応募情報すべてに目を通し、お悩みや相談内容を見ながら、出演候補者を決めていきます。以前は保育園や幼稚園にご協力いただき、アンケートを取っていたこともありました。

2 出演候補者ヒアリング＆出演依頼

制作スタッフから出演候補者に連絡。アンケート内容を基に、リモートで普段の様子や困っていること、お子さんの性格などをヒアリングします。「1時間ほどかけて細かくヒアリングし、お話を聞かせていただいたご家庭の中から、出演者を決めて正式にオファーをします」(制作スタッフ)。

3 出演者のご家庭を事前取材

親御さんに普段のお子さんの様子を撮影した動画を送ってもらったり、出演者のお宅に伺い、親御さんのインタビューやお子さんの様子を撮影したりします。「スタッフがいると、どうしても普段の様子が出ないお子さんもいるので、そのときは親御さんからの動画を参考にしています」(制作スタッフ)。

※図は一部を紹介

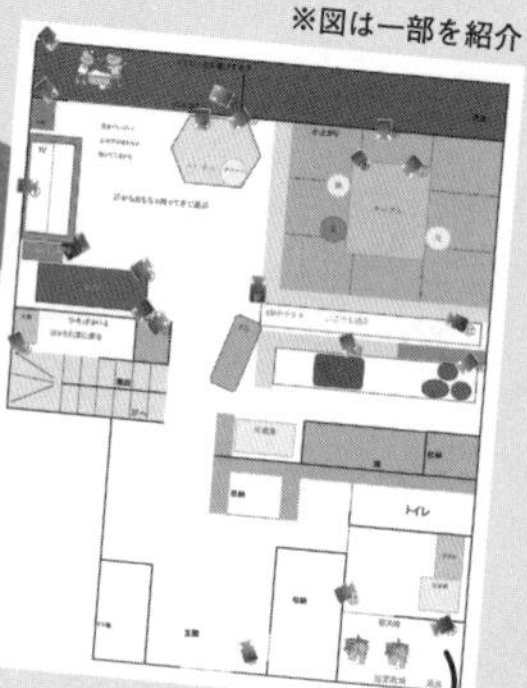

また、このタイミングでカメラのセッティング位置も確認。「全体像とお子さんの表情が撮れるように、お子さんがよく遊ぶ場所や食卓の席順、すねたときに隠れる場所など、ご家族の生活動線やお子さんの癖などを考えながらカメラ位置を決めていきます」(制作スタッフ)。

4 事前資料を基にてぃ先生と打ち合わせ

事前取材の資料と動画をてぃ先生と共有し、それを基に、そのお子さんに合いそうなアイテムやお悩み解決の方向性を決めていきます。「てぃ先生とはお子さんの普段の様子や性格はもちろん、生活環境や動線、親御さんの性格、前後の会話など、総合的に見ながら決めていきます」(制作スタッフ)。アイテムは毎回3～5個、お悩みへの解決案もあらゆる状況に備えて複数用意します。

アイテムはご家庭で用意できるものを前提にしているので、制作スタッフが手作りしていることが多いです。大きさや形、色など、てぃ先生に確認してもらいながら、準備します。

ごはんさんと打ち合わせ＆レシピ考案

親御さんの料理頻度やお子さんの好き嫌い、お悩みなどをふまえて、撮影のときはもちろん、視聴者の方にも、なるべく簡単に作れるようなレシピをごはんさんと相談しながら作っています。「モニタリングは、何が起こるかわからない中での撮影なので、ゆっくり料理する時間がなくなって、結局紹介しなかったという回もあるんですよ」(制作スタッフ)。

←

5 前日準備＆収録本番

野々村友紀子さん＆てぃ先生の対談（P.146-147）でもあったように、本番組はよくあるセットスタジオではなく、出演者のご自宅付近の場所を借りてセットを組む、移動式スタジオなのです。収録本番の前日から準備は始まります。

アイテムはご自宅へ。事前に準備したアイテムを赤色、黄色、青色、緑色のボックスに分けて入れ、収録中のお子さんの状況に合わせて「○色のボックスを持ってきてください」とスタジオから天の声で呼びかけます。

前日準備

本番で実際にモニタリングするカメラは9台～12台分くらいですが、実際は20台ほどセッティングしています。

前日は、スタジオのセッティングをするスタジオ組と、出演者のご自宅にカメラをセッティングするご自宅組の２組に分かれて準備。セッティングが完了したら、カメラアングルや各部屋との音声のつながりをチェックしていきます。

困ったときのヘルプボタン。「今年（2024年1月放送ママ登場回）から急に出てきたんです。しかも僕の確認なしで（笑）！ 考える時間がないのでプレッシャーが大きくなりました」（てぃ先生）。

本番

収録中は、てぃ先生がママやパパの行動を見ながら、「こういうときはもっとこうするといいですよ」とアドバイスしたり、野々村さんが「パパは料理する？」「どんな遊び方をしているの？」と普段の様子を聞いたりと、さまざまな会話が繰り広げられています。何度も笑いが起き、収録現場は楽しい雰囲気に包まれていました。

モニタリングスタートのあとは、「○○ちゃんの様子をモニタリング。適宜、てぃ先生＆野々村さんの天の声」と書かれているだけ。すべてお二人のアドリブで展開されていきます。

6 映像仮編集

20台のカメラの映像と撮影した素材を基に、仮編集を行います。

7 試写＆修正作業

一度制作スタッフだけで試写をして、ブラッシュアップしていきます。

8 最終チェック＆修正作業

番組プロデューサーが最終チェックを行います。また、小児科医にも見てもらい、危険性がないか、注釈を入れたほうがよいところはないかなどを確認します。それが終わったら、再度修正作業を行い、イラストやCGも入れていきます。

9 ナレーション収録

日野さんには事前にナレーション原稿と映像を送ります。「事前にお送りすると、日野さんがご自身で『ここはこうしよう』とイメージを作ってきてくれたり、アドリブを入れたりしてくれます」(制作スタッフ)。

10 最終チェック

最終確認をしながら手直しをして、ようやく完成！

放送

入念な下準備、打ち合わせ、細かい映像チェックなどの工程を経て、ついに放送！出演者やスタッフの愛が詰まった番組は、こんなふうにしてできあがっているのです。

おわりに

ママもパパもお子さんも子育てに関わるみんながHAPPYに！

本書を手に取って、ここまで読んでいただき、ありがとうございます。

毎日の子育ての中で、うれしいことや楽しいことはもちろんあるけれど、尽きない悩みに不安や焦り、心配、イライラなど、どうしてもネガティブな感情が大きくなってしまうことも多いと思います。

そんなときは、この本を開いて、同じような悩みを持つご家庭で登場したア

イテムやアドバイスを気軽に試してみてください。

ただ、てぃ先生も対談の中で話していたように、アイテムやアドバイスはその放送回に登場するお子さんや親御さんの個性をふまえて紹介しているものなので、同じものを使ってもうまくいかないかもしれません。そのときは少しアレンジを加えたり、ほかの方法を試しながら、各ご家庭に合う方法を模索してみてください。


この本を通して「子育てってやっぱり楽しい！」と感じてくれる親御さんが少しでも増えてくれるといいなと思います。

ママもパパもお子さんも、子育てに関わるみんながＨＡＰＰＹになれますように！

ママパパ
いつもありがとう

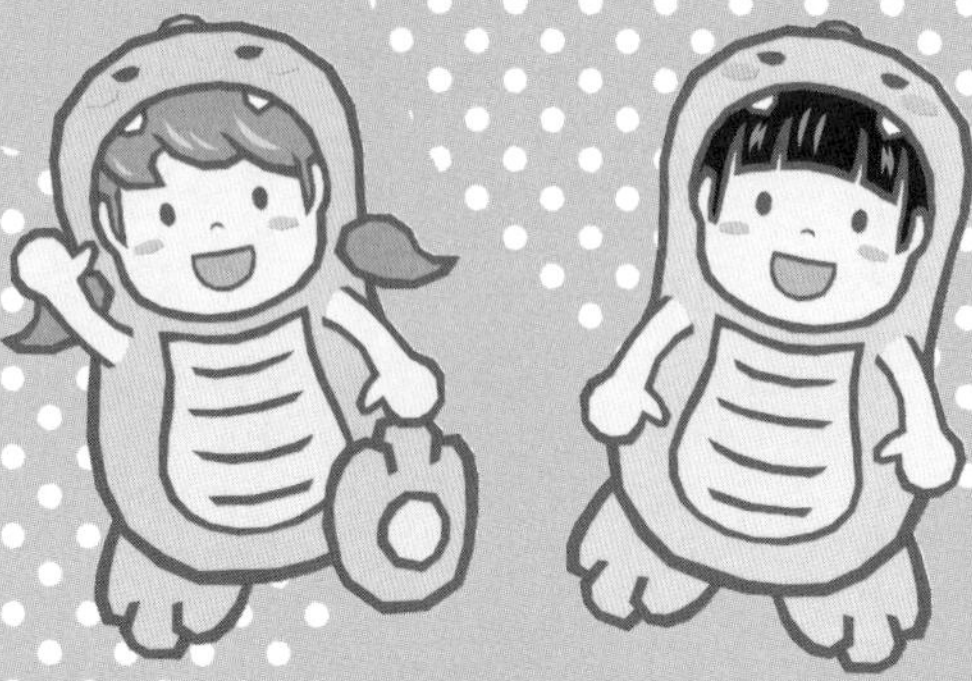

STAFF

書籍制作

写真
後藤利江（帯、P.38、P74、P96、P114、P126、P128～P.134、P.145～P.158）

デザイン
近内朋恵

企画・編集・執筆
前嶋由美子

編集・執筆
後藤涼子（omo!）

スペシャルサンクス
野々村友紀子
てぃ先生
日野聡
ごはんさん

番組制作

制作統括
寺岡 環
齊藤倫雄
桝井あけぼの

プロデューサー
佐藤大輔

ディレクター
峯﨑良平
鎌田紀洋
麻生 忠
前田信忠

アシスタントディレクター
藤井翔大
劉 昭邑

アシスタントプロデューサー
井出まり子
円谷あゆみ

イラスト・CG制作
山本淳史

音響効果
吉元大介

撮影技術
熊谷 亮
菊池 剛

音声
松尾秀俊
菅谷慶介

編集
鮫島 要
牧岡繁生

MA
安部拓巳
中筋涼介

車両
スターラインエクスプレス

監修
細部千晴
（細部小児科クリニック院長）

テーマソング
ケロポンズ

笑顔100倍
『ハロー!ちびっこモンスター』
ワクワク子育て大全

2024年9月10日　第1刷発行

監　修　NHK『ハロー！ちびっこモンスター』制作班

発行人　関川 誠

発行所　株式会社宝島社
〒102-8388
東京都千代田区一番町25番地
電話　(営業)03-3234-4621　(編集)03-3239-0928
https://tkj.jp

印刷・製本　サンケイ総合印刷株式会社

Printed in Japan
ISBN 978-4-299-05675-7